認知老化

的理論與實務

Cognitive Aging : Theory and Practice

秦秀蘭◎著

國家圖書館出版品預行編目資料

認知老化的理論與實務 / 秦秀蘭 著 . -- 初
初版 . -- 新北市：揚智文化, 2012.09
面；公分
ISBN 978-986-298-057-6（平裝）
1. 認知心理學 2. 腦部
176.3   101016034

認知老化的理論與實務

著　　者／秦秀蘭
出 版 者／揚智文化事業股份有限公司
發 行 人／葉忠賢
總 編 輯／閻富萍
地　　址／新北市深坑區北深路三段 260 號 8 樓
電　　話／(02)8662-6826　8662-6810
傳　　真／(02)2664-7633
網　　址／http://www.ycrc.com.tw
E-mail ／ service@ycrc.com.tw
印　　刷／鼎易印刷事業股份有限公司
I S B N ／ 978-986-298-057-6
初版一刷／2012 年 09 月
定　　價／新台幣 320 元

序

　　從閱讀、摘錄筆記到撰寫一本書，與朋友分享，是一種很自然、很快樂的過程。本書的完成原本只是個人四年來閱讀和實務工作的整理。但由於撰寫過程中，自己的身體也正經歷著微妙的更年期，讓整個閱讀和撰寫的過程充滿驚奇、饒富意義。有很多時候，都是帶著自己的問題在找尋答案，許多閱讀和整理後的資料，都一一的解答自己內心的疑惑。因此，當完成最後一個章節的時候，內心有滿滿的感恩。感恩有這麼多研究人員投入畢生精力，為我們解除心中的疑惑，讓我們擁有高度的自覺和自主性，不必為身體的老化感到憂鬱或悲傷；感恩許多活動設計者，引導我們透過各種活動維持健康的認知功能。

　　記得在本書完成的半年前，有整整一個禮拜，發現自己好像不再適合穿便鞋，左邊的鞋跟老是會脫落，猜想這雙鞋的左腳可能比右腳大了些。直到有一天在設計左右平衡的團體活動時才發現，原來自己左腳的趾頭居然無法和右腳一樣靈活，當下連自己都被嚇到了。因為根據人體的「大腦身體地圖」，大腦中掌管手指、腳趾和嘴巴的面積最大，如果任憑腳趾的反應能力惡化，認知功能也可能受到嚴重的影響。因為這份自覺，我提醒自己走路時要「留意腳下」，每走一步都要在心裡喊出左腳、右腳，並且每天晚上老實的做腳趾頭運動，短短的一週時間，那雙便鞋再也難不倒我了。

　　因此，本書付梓之前，要深深的感謝揚智出版公司，特別感謝宋宏錢先生給我很多方面的協助，感謝建中專門為本書畫了許多可愛的插圖，讓本書更有親和力，更感謝編輯團隊辛苦的校稿。本書如果有疏誤之處，還請讀者不吝指正。

秦秀蘭
2012 年仲夏

目　錄

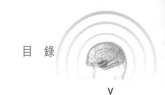
Part 3　認知功能促進活動的規劃與設計　173

Chapter **7**　高齡者認知促進課程的規劃理念　175

Chapter **8**　認知促進課程的活動設計舉隅　197

前　言

　　高齡認知行為的內涵是每一位高齡教育工作者必須熟習的範疇，但是由於專業選修的差異，具有護理、神經生理學背景的「高齡醫療照護」人員對高齡神經認知機制自然有較多的瞭解。至於「高齡教育服務」人員對神經認知科學相關文章或研究，通常相當陌生，兩個領域之間有相當大的隔閡。筆者在實際的教學中，也面臨相同的困擾。例如，由護理人員轉到老人福祉領域的學習者，對高齡神經生理學都相當熟悉，卻無法將這些理念運用到實際的高齡教學或活動規劃。反之，由幼教或普通教育體系轉到本系的學員，普遍覺得神經認知生理非常深奧，很難掌握全貌。因此，同樣的「生理學」課程，面對不同背景的學生也必須有不同的授課和討論方式。

　　學術領域中也有這種情形，有關高齡教育或老人教育的規劃或教學設計，通常比較強調教學設計的目的性、價值性和自願性，但很少討論這些設計是否呼應高齡者在老化過程中的神經認知特質。相反的，有關的老人神經認知特質的研究學者，幾乎都是生理學或神經科學研究者，主要在描述高齡者認知老化的事實，但是很少討論這些特質在高齡教育或活動設計上的應用價值。

　　因此本書主要建基於筆者多年對人體生理學的認識，以及個人多年的教學設計訓練，希望將中高齡相關的神經認知生理學知識加以整理，以淺顯易懂的方式表達或舉例說明，希望能同時滿足兩種不同背景學員的學習需求，深入的瞭解高齡的神經認知老化機制，並將這些知識轉化為課程或教學活動，以提供高齡者適切、有效的教學和教育服務。

　　本書所有的活動設計都是筆者過去多年來曾經帶領過的活動設計，內容實用且具有開展性。可作為團體引導者的活動規劃參考或個人練習用，實際引導或教學時可以根據學習的對象、場地或人數等加以變化。本

書主要是針對「新高齡者」（new aged）的社群領導者和教學者所設計，可以作為社區高齡資源提供者、失智症或初期阿茲海默患症的活動規劃參考，也可以作為高齡者自我成長或自我訓練課程的教材。適用對象包括：

1. 中高齡團體自我訓練課程設計參考。
2. 中高齡者讀書會用書。
3. 中高齡團體領導者活動設計參考。
4. 高齡照護機構活動設計參考。
5. 失智症或阿茲海默症早期患者的協助課程參考。
6. 各年齡層智能障礙或多重障礙學生的活動設計參考。
7. 各級學生大腦開發課程參考。

本書的規劃分為三個部分，第一篇是有關神經認知科學的基礎概念，包括：迎接新高齡世代的第一道曙光、大腦認知相關結構的基本認識、認知功能的界定與內涵。第二篇是認知科學研究的多樣化面貌，包括：影響中高齡者認知功能運作的主要因素、大腦額葉皮質與認知老化、情緒老化的積極意義。第三篇是認知功能促進活動的規劃與設計，包括：高齡者認知促進課程的規劃理念和認知促進課程的活動設計舉隅。

「學習」是一種改變，也是人類生命的本質。當個體在理念、價值觀或生活上有所改變時，才能稱得上是一種學習。根據「社會腦」（social brain）的概念，學習是一種習慣，也是人類存活的重要特質和能力。根據筆者七年多來和社區高齡者互動的經驗，「新高齡者」都有一種強烈的求知慾和成長動機，希望持續透過學習，認識自己，並期待和他人分享自己學習的知識和經驗。然而，目前坊間或社區中的高齡團體不僅數量非常稀少，且缺乏嚴謹的課程結構，例如以歌唱、運動和舞蹈為主的活動，已明顯地無法滿足「新高齡者」在知識追求上的期待和需求。

根據筆者多年帶領高齡學習團體的經驗，高齡者自尊心強，卻普遍缺乏自信，由於身體機能和人際互動上逐漸轉為弱勢，因此，即使經濟環

境良好，仍然缺乏適當的學習同伴，找不到適當的學習主題和參與團體，這種心理社會支持體系的不足，是影響高齡者學習參與、成功老化最大的障礙。因此，「機構、人才、經驗的累積」三者，將成為是台灣高齡學習和照護規劃的核心。然而，無論制度的規劃為何，最重要的是我們「對人的看法是什麼？」期待國人給予高齡者更多的「希望」和「學習的機會」。更期待本書能提供相關從業人員和研究者一種「向前看」、「前瞻性」（proactive）的高齡服務觀點。

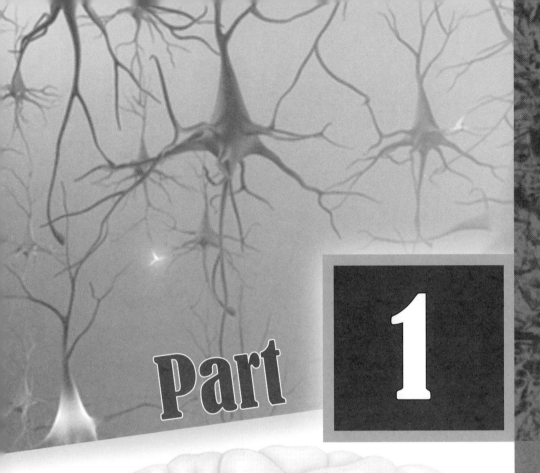

Part 1

神經認知科學
的基礎概念

Chapter
1

迎接新高齡世代的第一道曙光

　　人類壽命的延長、健康醫療的發展，以及活動的延伸，讓現代的老年生活有了嶄新的面貌。「第三年齡者」[1]的大量增加是一種大規模的社會現象，讓人們必須對「老年生活」有全新的界定與觀點。歷史上所謂的嬰兒潮世代係指 1946 年到 1964 年出生的嬰兒，因為出生人數眾多，俗稱「嬰兒潮」（baby boomers），這些嬰兒潮世代目前也開始進入老年期，或即將進入老人國度。Novak（2009）指出這些嬰兒潮世代的人將進入初老期（young old），並在短時間內形成所謂的「老人潮」（aging bloomer），即是所謂的新一代老人、新熟年或新銀髮族。

　　即將大量增加的嬰兒潮世代的老人，不僅擁有較高的教育水平，積極的社會性活動，更希望擁有終身學習的機會，甚至希望各種社群參與能夠成為自己的「第二生涯」，成為具有生產力（productive）的社會參與者。這股老人潮的發展勢力也提醒了相關的老人社會服務工作，社會工作者紛紛提醒政府和民間相關單位，重視新一代老人所擁有的各種特質。因此 Kivinick（2005）提醒社會工作者：「『新一代的老人』（new aged）展現了人類歷史上的獨特性，新一代的老人即使退休，仍然充滿期待，擁有健康、活躍、自由自在的生活，而且擁有充分的自我實現機會，和不同世代間擁有信任的關係。目前美國的老人健康照護制度完全無法回應新一代老人真正的需求。」因此，他提醒政府和相關的民間企業，面對新一代老人的社會服務，必須重視老人的健康促進、健康維護和自我學習機會的安排。

　　新一代的老人不僅要完整地延長第三年齡的時間，達到「成功老

---

[1] 根據「國際第三年齡大學總會」（International Association of University of the Third Age, AIUTA）第二任理事長 Serge Mayence 的定義，第三年齡是指停止所有職業活動，享有完全獨立時間的生命階段；第四年齡則是指從依賴、衰老到死亡的階段。因此，第三年齡通常包括個體退休後到因病臥床的階段；第四年齡則包括因病臥床到死亡的階段。

化」[2]，也希望擁有創造性的老年生活，有機會參與團體生活、擔任社區志工服務，以及擁有終身學習的機會。因此目前美國社會目前正流行一句話：「60 歲的人是全新的 40 歲壯年；70 歲的人也是全新的 50 歲中年。」（Novak, 2009）。美國許多高齡教育學者也陸續針對新一代老人的價值觀、勞動力的參與、家庭生活、個人的成長、社會參與程度進行研究，因此在「成功老化」概念下，另外提出「具生產力的老化」（productive aging）的概念。這個概念不僅展現新一代老人在學習、社會服務和志工參與上的積極態度，更打破過去社會對老人的刻板印象，並成功地塑造出「新一代老人」的社會形象（Kaye, 2005; Kivnick, 2005; Hooyman, 2005）。此外，Kaye 也提醒政府和相關民間企業組織，必須認識新一代老人的特質，瞭解未來新一代老人的需求，才能正確地規劃新一代老人的相關服務政策。

2012 年台灣 65 歲以上人口幾乎占總人口 11%，未來十四年內將成長 2 倍，2017 年時老年人口估計占總人口 14%，2025 年將成長到 20%，正式邁向超高齡社會。人口老化影響國家社會、經濟等能力，也影響未來國家競爭力，同時影響國家安全。

事實上，不僅各國高齡（65 歲以上）人口持續增加，自 1990 年開始，100 歲以上的人瑞（elite old）正快速的增加中。以美國為例，估計 1990 ～ 2030 年之間，人口數成長最快的族群將是 100 歲以上的人瑞族群，預估屆時每 26 個高齡者就會有一個人瑞產生，而且預估在 1990 ～ 2030 年之間，85 歲以上的高齡者會成長 2 倍（Lamm & Lamm, 2002: 195），這些數據和台灣的高齡人口成長趨勢相同。這一股快速增加的高齡者人口，不管在身心特質、學習需求或健康服務需求，都不同於現在的

---

[2] 目前研究都認為，「成功老化」至少包括三個面向：避免疾病與殘障、專注生活和社會參與、高認知和身體功能。Crowther等人（2002）則認為成功老化應該有四個參照標準：主動積極地參與生活、寬闊心靈的擴展、生理和心智能力的最大化和危機、疾病或障礙的最小化。

高齡者，因此，高齡者的健康服務政策必須從「醫療照護」（medicare）轉變為「健康促進」（health promotion）的概念，其概念是一種「健康經濟」（health economy）的觀點轉化（Lamm & Lamm, 2002; Catchen, 2002）。

　　高齡族群是一個相當多元化的族群，由於個人教育水平、生理特質、生活型態或居住環境的差異，中高齡族群不僅有極大的「個體間」（inter-personal）的差異，也有相當大的「個體內」（intra-personal）的差異。從健康中老年人到需養護的老年人，不同高齡者在生理、心理上的健康程度有極大的差異，因此，高齡者的健康照護規劃方案必須是一個連續的軸線，是一個連續的光譜（spectrum）（Seperson, 2002）。Seperson 表示，在這個光譜上，針對不同身心背景、健康條件不同的高齡者，政府和照護單位必須有不同的健康服務策略，才能減少未來高齡化社會對政府財政上所造成的壓力。因為我們相信：「過多的協助對高齡者的身心狀態沒有任何幫助，不合適的照護只會減低高齡者的生活自理能力。事實上，透過團體的學習表現對高齡者最具有激勵作用，即使是沒有生活自理能力的高齡者也一樣，因為，其他夥伴的鼓勵可以激發他們求好的動機。」（p.28）。

　　健康經驗的觀點需要我們以全新的觀點看待高齡者的潛力，首先必須將高齡者的健康和智慧視為社會的一種重要資源，並儘量延長高齡者為社會服務的年資，提升高齡者的工作能力。同時改變過去對於高齡者對「醫療照護」的需求觀點，著眼於利益大多數公民的健康政策規劃，重新思考我們對正義、公平的觀點（Lamm & Lamm, 2002）。面對上述的高齡社會趨勢，高齡健康服務政策或高齡教育學者必須更有前瞻性的理念和規劃，才能避免發生更嚴重的「結構落後」[3]（structural lag）現象。

---

[3] 也就是當社會結構無法跟上人類生活的改變步調時，就會出現結構落後，例如隨著生活水平的提升，高齡者對自我的期待已不同於過去，不僅職場或某些宗教團體無法使用高齡人力資源，某些社會結構或政策也不再適用於延後退休的高齡者。結構落後的結果會引發一些相對性的策略，例如終身學習、隔代教養等配套措施，以彌補結構落後的問題（Hooyman & Kiyak, 2008）。

　　21 世紀的老化研究則開始注重老年人的「心智健康」，研究主題轉為「創造能力和活動」、「自我實現」和「認知發展的穩定性」。有千湖之國之稱的芬蘭，四十多年前就有老人服務機構，強調以老人身心靈健康的預防，透過老人學習團體引導老人自我成長，而不僅僅是老人健康照護的概念。例如具有悠久歷史的 Vivamo 老人學習中心，是芬蘭老人學習活動的發源地，擁有規劃完整的「服侍善工學院訓練」（Diakonia），完整的四年學習和實習課程，可培養優秀的老人工作者及老人靈性關懷領導人才。

　　芬蘭老人工作者所展現的是一種服務文化，不僅展現對老人的尊重和盼望，也讓老人看到自己的價值。Vivamo 老人學習中心將老人過去的經驗或文化活動開展為學習的內容，藉此喚起老人美好的記憶；把老人的生活和心思引導到對別人的關懷，讓老人更有價值感和安全感；同時透過分享或活動，協助老人消除過去不愉快的經驗；透過老人中心和中小學的合作，讓中小學生聽到四十年前的真實故事等，都是很有意義的活動設計。

　　人體的心智能力、工作記憶的確會隨年齡增加而逐年下降，日常生活中例如烹煮咖啡、和家人閒聊、逛街購物等各種記憶，我們都視為理所當然，毫不珍惜。其實，隨著年齡增加，高齡者的視力和聽力會減退，對外在刺激的反應變慢，要花較長的時間學習新的事物等等，即使聽到同一個笑話或吵雜聲音，高齡者都需要有較常的反應時間，這些都是不爭的事實。因此，英國有一句諺語：「老年人總是持反對聲音、瞻前顧前、躊躇不前，卻總是悔不當初。」（Men of age object too much, consult too long, adventure too little, repent too soon.）這段諺語說明了高齡者的心理特質，高齡者一方面因為社會權力的轉移，越來越缺乏自信心；一方面因為認知功能的退化，擔心自己成為他人的負擔，因此，面對周遭的人事物，會有一份不安全感。事實上，缺乏自信心加上不安全感，會導致腦部神經傳導物質分泌不足，加速認知功能退化的程度。

　　面對快速競爭的經濟脈動、電子科技發展，高齡者常會感覺到自己認知功能退化的速度讓自己感到驚慌失措。事實上，近二十年來的神經認知科學研究已證實，儘管高齡者在「空間認知」與「和速度有關的學習」的認知功能的確和年輕時代有所差異，例如在十字路口左右轉時的速度和反應能力、使用 ATM 提款機的速度和反應較慢，因此需要較多的協助。一般而言，正常的高齡者通常到 80 歲左右，認知功能才會有明顯退化的情形。

　　然而，隨著大腦成像、功能性斷層掃描等科技的發展，許多神經科學研究都認為高齡者的大腦在老化過程中有許多積極性的轉變。因此，如何透過學習，讓高齡者瞭解大腦在認知老化過程中所發生的變化，例如大腦額葉的認知補償性功能；雙邊半腦運用或稱為「高齡者左右腦功能不對稱現象之遞減」（Hemispheric Asymmetry Reduction in Older Adults, HAROLD）；面對同樣的刺激，高齡者大腦被激活的確和年輕人不同；高齡者解決問題的認知地圖和年輕人不同等等。都可以增進高齡者的自我意識和自信心，有效提高高齡者的認知功能。

　　本書的撰寫目的是透過簡單易懂的腦部介紹、大腦認知功能的解說，讓讀者瞭解人類大腦在老化過程中所發生的各種功能性變化或適應情形。接著整合各種相關研究，分析影響大腦認知功能的主要因素。最後則規劃幾個實用的認知功能促進訓練活動，每一個活動都是筆者個人多年來實際教學時使用的活動設計。有關神經語言程式學（Neuro-Linguistic Programming, NLP）的活動設計都詳細列出指導語，期待每一位高齡團體的領導者、高齡教育工作者，甚至高齡服務機構的活動帶領者，都能夠熟悉這些引導技巧，協助高齡者認識自己大腦的變化，開發和諧的腦波，善用高齡者的認知特質。一方面增加高齡者的自我效能，提升高齡者的生活滿意度；一方面可以維持健康的身心靈，減少高齡社會的照護成本。

自我評量

1. 「新一代高齡者」有哪些特質?這些特質對高齡教育工作者有哪些
啟示?

2. 從「健康經濟」的觀點,高齡健康照護者應該有哪些認知?

3. 何謂「第三年齡」?何謂「成功老化」?

Chapter

2

大腦認知相關結構的基本認識

　　本章主要在介紹和大腦認知功能相關的構造和功能，希望透過圖片說明，讓讀者對人類大腦和認知功能相關的構造，有一個基本的瞭解。因此全章分為幾個部分，包括大腦的基本構造、大腦各皮質區的主要功能，以及大腦主要的病變與損傷類型。

一、腦部的基礎構造

　　腦神經細胞的數量至少在一兆以上，無數的神經突觸（synapses）讓細胞之間的訊息可以快速的傳遞，讓細胞之間快速連結，每一個腦神經傳送出來的電流脈衝（electrical impulses）每小時達 200 英里以上。為了傳遞訊息，腦神經細胞必須將電流脈衝轉變為不同的「神經傳導物質」（neurotransmitters）。截至目前為止，科學家已經發現人體可以產生二十種以上的神經傳導物質，每一種傳導物質都有不同的神經認知功能。其中，「乙醯膽鹼」（acetylcholine）和個體的記憶保存關係最密切，也是罹患失智症者或阿茲海默症者體內減少最多的神經傳導物質。

　　根據研究，腦部的重量大約占人體體重的 2～3%，但是腦部的血液卻占全身的 15～20%，每天都必須耗費個體 20～30% 的氧氣。當個體陷入思考或正在學習時，消耗的氧氣和養分可能更高達 50%（Alzheimer's Association, 2012）。

　　此外，一般而言，人體細胞對於養分的運用，通常包括脂肪、蛋白質和碳水化合物等醣類，可以根據個體的不同的情境，適時地將不同的養分轉化為能量，但是腦部細胞對「醣類」情有獨鍾，腦部細胞幾乎完全仰賴醣類來產生能量，因此，每一個人體內大約有 70% 以上的醣類養分都必須供給腦部細胞，才能讓腦部維持正常的運作功能。

（一）腦神經細胞與訊息傳遞

◆腦神經細胞的構造與功能

　　腦神經細胞包括「神經細胞本體」（神經元），和上千億稱之為神經膠細胞的「支持細胞」，神經元之間訊息的傳遞則是經由化學物質通過突觸而完成的。大腦的神經訊息的實際運作其實是在單個的神經細胞內進行，一個成年人大約有一千億個神經細胞（或稱神經元），而細胞之間的分支有超過一千兆個連結點。科學家稱這種密集和分支的網絡為「神經元森林」（Neuron Forest）（如**圖 2-1**）。造成高齡者大腦認知功能退化的「阿茲海默症」（Alzheimer's disease），患病者受到破壞的主要對象就是「神經元」。

　　截至目前，雖然科學家至今仍無法肯定是什麼因素導致患有阿茲海默症患者的腦細胞死亡，但是可以肯定的是：腦內的斑塊與壞死神經纖維纏結有關。科學家們從顯微鏡中觀察腦部組織發現，阿茲海默症患者的大腦組織和一般人不同。阿茲海默症患者除了腦神經細胞及神經突觸數目比一般人減少非常多，不同神經元之間也會有不正常的蛋白質碎片產生，類

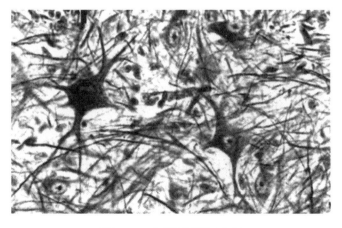

圖 2-1　大腦神經元森林

似斑塊（plaques），醫學上稱為「類澱粉蛋白」（amyloid protein），也稱為「類澱粉斑塊」（amyloid plaques）。「類澱粉蛋白」的產生是一些壞死的神經細胞纏結在一起，形成一串串不規則的蛋白質塊，成為神經纖維纏結（tangles）（如圖 2-2）；β 澱粉樣蛋白（Beta-amyloid）則是來自神經細胞脂肪膜內的大分子蛋白質，β 澱粉樣蛋白凝結一起便形成了蛋白質小塊（如圖 2-3）。β 澱粉樣蛋白的化學特性是「黏性」，以及會逐漸累積並形成斑塊。因此，「類澱粉蛋白」中具有最大破壞力的是蛋白質小塊，而不是斑塊本身，因為蛋白質小塊會干擾細胞與細胞之間神經突觸所發的信號。目前醫學認為，這些蛋白質小塊也可能刺激免疫細胞並導致發炎，甚至會吞食已喪失功能的細胞（Alzheimer's Association, 2012）。

◆神經細胞層級的訊息傳遞

　　訊息穿過單個神經細胞，繼而穿越神經元森林，便可產生記憶、思想和情感等，這個過程稱為「電流脈衝」會產生細微的電荷（tiny electrical charge）。神經細胞與另一神經細胞靠神經突觸互相接觸。根據研究，阿茲海默症者就是因為神經細胞內的細微電流脈衝被破壞，因而影響神經傳遞物質的活動能力。

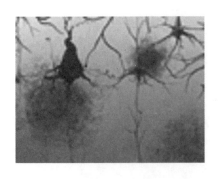

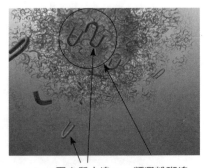

蛋白質小塊　　類澱粉斑塊

圖 2-2　大腦神經元產生斑塊與纖維纏結

資料來源：Alzheimer's Association (2012).

圖 2-3　大腦神經細胞形成的「類澱粉斑塊」

資料來源：Alzheimer's Association (2012).

　　當神經細胞的電流脈衝傳到神經突觸時，它觸發釋放出一些微量化學物質，即是所謂的「神經傳導物質」，神經傳導物質跨過神經突觸，即可將訊息傳遞給其他的神經細胞（如圖 2-4）。大腦訊息的傳遞和人體生化作用，基本上都是不同「受體」或稱為「接受器」（receptor）和「接合子」或稱為「配基」（ligand）結合的結果。配基就像是一把含有特殊成分的「化學鑰匙」，只有它可以和相對應的受體結合，這種結合過程在生理學上稱為「鍵結」（binding）。鍵結過程如圖 2-5。一般來說，受體的體積較大，配基的體積較小。目前科學家已鑑定出二十種以上不同種類的神經

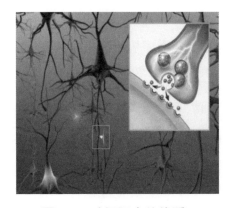

圖 2-4　神經訊息的傳遞

資料來源：Alzheimer's Association (2012).

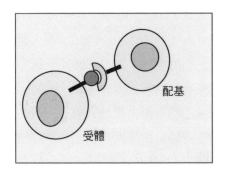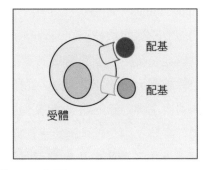

圖 2-5　鍵結作用示意圖

傳導物質,都屬於「接合子」或「配基」,依照其化學組成可分為三大類
(許晉福譯,2008):

第一類的配基是典型的神經傳導物質,例如:乙醯膽鹼(acetylcholine,
Ach)、多巴胺(dopamine, DA)、正腎上腺素(norepinephrine, NE)、腎上
腺素(adrenalin; epinephrine, AD)、血清素(serotonin, 5-HT)等,都和人
體的大腦的認知功能有關。

第二類配基屬於類固醇(steroid),包括男性荷爾蒙(又稱睪固
酮)、女性荷爾蒙、黃體素。

第三類配基則是胜肽類(peptide),例如催產素(oxytocin)、血管
加壓素(vasopressin)等。

透過「鍵結」過程,三種配基都具有傳遞訊息的功能,這些配基就
像信差或信使一樣,會把訊息快速傳遞到整個有機體。

◆ 主要的大腦神經傳導物質

人體大腦內影響學習、認知功能的神經傳導物質主要包括乙醯膽
鹼、多巴胺、血清素、腎上腺素、正腎上腺素、腦內嗎啡等。以下簡要說
明其功能。

1. 乙醯膽鹼

乙醯膽鹼(Ach)是大腦神經細胞的主要傳導物質,主要在海馬迴
(hippocampus)地區發生作用,足夠的乙醯膽鹼才能增加神經傳遞訊息
的功能。乙醯膽鹼在不同的神經系統中,有不同的作用。例如,在人體的
運動神經系統中,乙醯膽鹼主要在控制肌肉的收縮;在自主神經系統(又
稱自律神經)中的運動部分,乙醯膽鹼是唯一的神經傳導物質,同時,人
體周邊自主神經節的訊息傳導,也是仰賴乙醯膽鹼來傳遞訊息。人體的自
主神經系統,副交感神經幾乎都仰賴乙醯膽鹼來做傳遞,例如,汗腺控制
神經,就由乙醯膽鹼來做傳遞;決定我們何時起床、白天持續的專注力
等,也都是受到乙醯膽鹼的控制。

　　根據目前的研究，乙醯膽鹼的作用會被「乙醯膽鹼酯酶」（acetylcholinesterase, AChE）所分解，一旦產生「乙醯膽鹼酯酶」，乙醯膽鹼的神經傳導作用就會被終止。因此目前研究普遍認為，失智症或阿茲海默症發生的原因，是因為患者的大腦中製造乙醯膽鹼的細胞受損，導致乙醯膽鹼分泌不足。失智症者的治療藥物則多數是一種「乙醯膽鹼酯酶抑制劑」，目的在抑制「乙醯膽鹼酯酶」的作用，提高乙醯膽鹼的神經訊息傳導功能（王培寧、劉秀枝，2010）。然而多數醫師認為，大部分的藥物都只是抑制乙醯膽鹼水解酶的作用，並沒有處理疾病真正的根源。

2. 多巴胺

　　多巴胺（DA）是由人體大腦內的中腦黑質所產生的，根據研究，人體內的「多巴胺」與個體對未來行為的預測能力息息相關，一旦中腦黑質多巴胺細胞退化，「多巴胺」的分泌量不足，個體就無法對下一秒所要發生的事情有適當的回應。醫學上認為多巴胺不足會引起「巴金森症」（Parkinson's disease），即個體無法根據自己對外界的預期刺激有適當的回應，讓自己的末梢神經在應該停下來的時刻停止下來（楊玉齡譯，2010）。

　　和巴金森症相關的是常見於學童或青少年的「妥瑞氏症候群」（Tourette disorder; Tourette's Syndrome），妥瑞氏症是一種遺傳性的神經運動疾病，妥瑞氏症患者的身體會出現不自主的、重複性的動作，通常稱

瞭解多巴胺的真面目？

　　1970年代初期劍橋大學神經科學家舒茲在猴腦試驗中發現「多巴胺神經元」，多巴胺是協助個體對未來或下一秒鐘行為的預測。因此大腦中的多巴胺神經元可以預測行為後的獎賞，前扣帶皮質則負責偵測錯誤，可意識到警覺情境，同時將信號傳遞到下視丘，以調節重要的身體功能，這種學習就是所謂的「前車之鑑」。目前研究認為，精神分裂者與多巴胺分泌系統有關，精神分裂者的情感通常都和現實脫鉤，因此無法偵測真正存在的現實，也缺乏對未來的預測能力。

為抽筋或「tics」。由於大腦研究技術的進步，目前研究都已證實妥瑞氏症是一種神經生理學的疾病，是一種腦基底核（basal ganglia）內多巴胺的高度反應（hyper-responsiveness）現象。由於多巴胺的高度反應，多數患者都會表現出「對即將出現症狀的前奏型動作或反應」，例如過度覺察到眼皮酸而眨眼皮；覺察到肩膀或脖子酸而搖頭；對身邊的過度覺察，因此在心裡說些髒話或重複的字眼等。這些「tics」都是因為多巴胺的過度高反應，造成「前奏型動作或反應」（王輝雄、郭夢菲，2009）。

妥瑞氏症的抽筋並不會隨著年齡惡化，但可能會因疲勞或壓力而惡化。因此，專家們普遍認為，妥瑞氏症對學童或成人的傷害不在於個人所表現出來的抽筋情形，真正的傷害是妥瑞氏症患者因為怪異動作、聲音或行為所導致的自卑或被誤解，造成人際互動問題、心理壓力或精神傷害。因此，我們越瞭解腦的結構以及大腦神經傳導物質的功能，越能給予特殊障礙者適當的協助。

妥瑞氏症的抽筋可區分為三類：(1) 動作型抽筋（Motor Tics）——動作型抽筋是一些不自主的運動，通常發生於臉和脖子的肌肉，包括聳肩、眨眼及擤鼻子。當手臂伸展、踢腿或跳躍時，身體其他部位也參與其中；(2) 聲語型抽筋（Vocal Tics）——聲語型抽筋可說是妥瑞氏症最為人所知的症狀，包含廣泛，從單純的清喉嚨、擤鼻涕、發出像豬的咕嚕聲、狗叫聲，到突然說一些詞語或發出無意義的聲音。大約只有15％的妥瑞氏症病例會出現這種情形；(3) 感覺或心理抽筋（Psychological Tics）——例如單純的灼燒感、因覺察到別人會癢而主動去抓別人的身體（稱為幻魅式tics）、在心裡重複說一句話等。

多巴胺分泌不足有哪些典型症狀？

當中腦黑質多巴胺細胞退化或功能弱化，會導致多巴胺分泌不足，引起巴金森症。主要症狀是患者肢體的不協調，包括：肢體顫抖、肌肉僵直、步態遲緩等。

3. 正腎上腺素

正腎上腺素（NE）主要在刺激 α 受體，具有很強的血管收縮作用，可以使全身小動脈與小靜脈都收縮（但會使冠狀血管擴張），血壓會上升。正腎上腺素在加速心臟和抑制平滑肌的作用上，都比腎上腺素的功能弱些。臨床上主要利用正腎上腺素升壓作用，透過靜脈滴注，用於各種休克（但出血性休克禁用），以提升血壓，並保證對人體重要器官的血液供應，其中，對「腦」的血液供應和認知的影響最大。

4. 血清素

血清素（5-HT）是由人體腦細胞所分泌的神經傳導物質，掌管了大腦傳遞情緒、情感訊息的功能，當血清素分泌量充足時，腦部活動就會活化，自律神經也會處在平衡狀態，是安定情緒的重要關鍵，可提升專注力、記憶力與發想力，進而帶來良好的工作表現。

日本教育家七田真博士極力推動全腦教育和右腦開發，特別提醒我們左右腦的「血清素」分泌對人類學習的重要性。他表示，當個體心情處於平靜狀態時，左腦和右腦的頻率會進入「共頻」的狀態，此時，腦部所呈現的意識狀態稱為「變性意識」，大腦會進入冥想的狀態，腦波也會轉變為「α」波或「θ」波，此時，腦中除了釋放出大量的多巴胺，也會釋放大量的血清素，使個體感到無比的輕鬆，此時的學習具有無限的可能，是一種「全像」或「圖像記憶」的學習模式（鄭清清譯，1999）。這種概念和國內物理學博士王唯工的研究發現相同。

王唯工（2010）從中醫、西醫和物理的角度探討人體的氣場和血液循環對人體健康的重要性。他的研究表示，「氣」是一種身體的共振（亦即共頻）現象，共振讓血氣循環順暢。血至則氣至，血多則氣旺。運動的目的即在形成體內的「共振」，形成體內一種能量或氣的共振，一旦人體大腦或器官達到共振，血液循環的功能才得以完全發揮，讓身心健康。

5.腎上腺素

腎上腺素（AD）是腎上腺髓質分泌的一種激素，人體在應付壓力或某些其他情況下，腎上腺髓質會分泌大量的腎上腺素，腎上腺素能使心肌收縮力加強、興奮性增高，傳導加速，心輸出量增多，也使肝臟釋放糖分進入血液。因此在應付壓力情況下使生物體準備好「戰或逃」。對全身各部分血管的作用有強弱之分、也有收縮或舒張的差別，它會使皮膚、黏膜和內臟的血管收縮，使冠狀動脈和骨骼肌血管擴張。

6.腦內嗎啡

「腦內嗎啡」為主宰人體健康的關鍵。「腦內嗎啡」是分泌自人類腦內的一種近似嗎啡的荷爾蒙，其中最有效力的成分稱為「β－內啡肽」（β－endorphin）。這種物質會使人的情緒變好，防止老化，提高免疫力和自然治癒能力。這種化學物質不但令人興奮，感到無名的快樂、平靜、滿足，還會令全身的細胞減少氧化，變得更年輕更有活力。

除了上述幾種重要的神經傳導物質，人體神經系統的傳遞也需要「荷爾蒙」的協助。神經傳導物質的任務是在各神經細胞之間負責傳遞訊息；荷爾蒙則是藉由血液循環及淋巴液的傳送來完成訊息傳遞的使命。嚴格來說，神經傳導物質也是一種荷爾蒙，只是傳遞訊息的管道不同。神經傳導物質的分泌主要由間腦的「下視丘」（hypothalamus）來負責；荷爾蒙的分泌則是由「腦下垂體」來負責掌控。「下視丘」主要在掌控體溫調節、內臟和血管活動等自律神經中樞，除掌控左腦的「意識」思考和右腦的「潛意識」，也掌管腦下垂體的運作功能，因此，不管是神經系統或荷爾蒙系統，都和「間腦」有關。

（二）腦部構造的次系統

一般而言，人們對於神經系統的分類有二種，不同的分類有不同功

能。第一種分類是依照神經系統的功能層次，將神經系統分為「周圍神經系統」和「中樞神經系統」。周圍神經系統再區分為自主神經系統和軀體神經系統；中樞神經區則包括腦和脊髓兩個系統，其分類階層如**圖2-6**。第二種分類則是從腦的外觀來認識腦的構造，主要在介紹大腦不同皮質區的功能，通常將大腦皮質分為額葉（frontal lobe）、顳葉（temporal lobe）、頂葉（parietal lobe）、枕葉（occipital lobe）與島葉（insula），其中「島葉」是無法從外側看到的區域，如圖 2-7。

　　從神經系統階層圖來看認識大腦的內部構造，從腦細胞所擔負的功能來區分，可以將神經細胞簡單區分為「中樞神經」和「周圍神經」兩個系統。中樞神經系統包括腦和脊髓；周圍神經系統則分為兩個部分：軀體

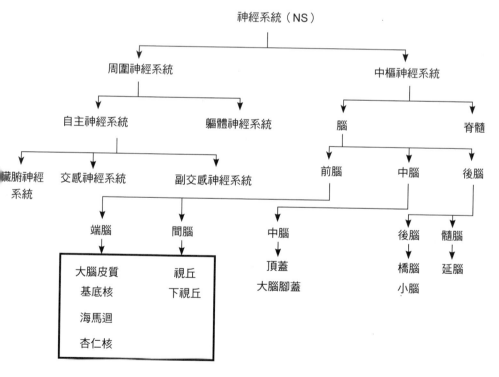

圖 2-6　神經系統階層圖

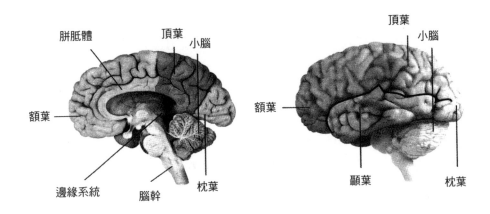

圖 2-7　大腦皮質的主要結構

資料來源：洪蘭譯（2002）。

神經系統和自主神經系統。「軀體神經系統」由周圍神經纖維所組成，包括了將感覺訊息傳送至中樞神經系統的神經纖維及傳送到骨骼肌的運動神經纖維。「自主神經系統」分成三部分：交感神經系統、副交感神經系統及臟腑神經系統。自主神經系統控制內臟器官的平滑肌的收縮及腺體的分泌。腸胃神經系統是自主神經系統的分支。腸胃神經系統是支配胃腸道、胰臟、膽囊的網狀神經纖維網絡。

　　其中，「腦」和認知功能相關性最高，是認知功能老化探討的範疇。從腦的內部結構位置來看，可區分前腦、中腦和後腦，其中「前腦」是掌管人類認知功能的主要區域。前腦可再區分為「端腦」和「間腦」。「端腦」的大腦皮質、基底核、海馬迴和杏仁核（amygdala），與人類的認知學習關係最為密切，也是本章認知老化所要討論的主要區域。至於「間腦」雖然較少在神經認知科學中被討論，但是，間腦正好位於左右腦之間，是腦部的真正的中樞區域。間腦內的下視丘負責人體內分泌系統、體溫調節中樞、自主神經管控等，可以說是神經系統和內分泌系統的中樞。其中，「端腦」和「間腦」兩個部分和個體的認知功能相關性最高，也是

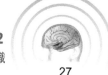

認知功能老化探討的主要範疇。

二、大腦各主要皮質區的認知功能

　　人類的認知作用包括思考、注意力、記憶、語言表達及複雜的知覺等高層次的心智活動，必須透過多個腦部區域聯合作用，整體合作才能發揮認知功能。本節主要在介紹與人類認知學習關係最為密切的「端腦」和「間腦」兩個部分。「端腦」包括大腦皮質、基底核、海馬迴和杏仁核；「間腦」包括視丘和下視丘，是人體內分泌系統、體溫調節中樞和自主神經中樞，儘管間腦的功能和神經元的功能沒有直接關係，間腦下視丘所負責的自主神經、內分泌系統功能，卻是決定神經訊息功能的主要因素。例如，個體的情緒、血液中的血清素濃素、腦內嗎啡濃度、女性荷爾蒙濃度等，都會影響神經傳導物質傳輸效率。因此，當個體處於愉悅的情緒，或者運動後腦內嗎啡濃度升高，都有助於個體的認知功能。

　　如**圖 2-8**所示，大腦外層是很薄有皺褶的灰色組織，稱為「大腦皮質」。每一個凹下去的溝叫做「腦溝」（sulcus），凸起來的部分則叫做「腦迴」（gyrus）。從外表來區分，人類的大腦皮質主要分為四葉，即額葉、顳葉、頂葉、枕葉，此外胼胝體（corpus callosum）和邊緣系統（limbic system）也和人體認知功能的運作息息相關。每個部分都有特殊的功能。在認知功能的運作上，每個區域各有不同的主要職責。

（一）額葉皮質區

　　人體的額葉大約占大腦皮質的三分之一，「額葉」一直被視為掌管最高智能的地方，包括各種重要的心理歷程，例如抽象思維、智力統整、情感、自知和先見之明等。額葉有發達的傳入和傳出神經纖維，特別是前額

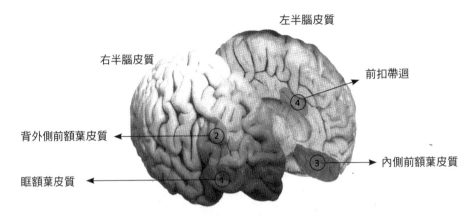

左半腦皮質

右半腦皮質

前扣帶迴

背外側前額葉皮質

內側前額葉皮質

眶額葉皮質

圖 2-8　大腦額葉重要皮質區

資料來源：洪蘭譯（2002）。

葉皮質區，包括視、聽和體覺中樞的傳入神經，杏仁核、下視丘所傳入的神經，以及送往皮質下的基底核、杏仁核、海馬等傳出纖維。總而言之，額葉負責認知的規劃和執行功能，也是人類情緒意識化的區域，其中，額葉的前方皮質更是負責智力和抽象能力的主要區域，通常稱為「前額葉皮質區」（prefrontal cortex）。

　　一般而言，額葉損傷對智商的影響不大，對學習則有很大的影響。額葉損傷者的學習結果較容易遺忘，也缺乏自我管理和檢討的能力。在情緒上則出現較多的冷漠、無情、較少關心過去所發生的事情以及未來可能發生的事。整體而言，額葉損傷者較常做出無目的、無意義的動作，不能有效規劃和執行，眼睛和頭部的動作會明顯減少，臉上的表情較為貧乏，動作幼稚化，在學習過程中也很容易受到其他誘因的干擾而分心（林金盾，2004）。

　　額葉皮質區內和認知功能最相關最高的三個區域都位於前額葉區，因此有關額葉皮質區的相關研究，有的學者稱為額葉皮質區，有的則進一步稱為「前額葉」皮質區。前額葉皮質區的主要三個區包括：背外側

前額葉皮質（dorsolateral prefrontal cortex）、眶額葉皮質（orbitofrontal cortex）、內側前額葉皮質（lateral prefrontal cortex）。

◆背外側前額葉皮質

　　背外側前額葉皮質的認知功能主要為中央執行功能，包括：判斷、規劃、統整。當個體的背外側前額葉皮質區沒有損傷時，應該具備執行的毅力，肢體運動也能夠協調運作。因此，一旦背外側前額葉皮質區受到損傷，個體會經常出現「自顧不暇」等不協調的肢體動作或認知學習。

◆眶額葉皮質

　　從中文的意涵可以瞭解，眶額葉皮質，也有人稱為「眼眶皮質」，就是人體眼睛上方的額葉部分，在情緒反應和認知的連結上扮演很重要的角色。眶額葉皮質主要負責認知抑制功能，該區域皮質沒有受到損傷前，個體應該具有自我克制能力、洞察能力，且能專心一致完成一件事。一旦眶額葉皮質受到損傷，個體就會變得容易分心、無法專注於眼前的學習，甚至為所欲為（林金盾，2004：329）。

　　目前已知，眶額葉皮質和尾狀核（caudate nucleus）都是個體在面對外界情境的改變、產生強烈情緒的地區。例如強迫症者，一旦發現自己處在不乾淨的地方，個體的尾狀核就會激活眶額葉皮質的神經細胞，引發強烈的情緒反應，必須等到清洗動作結束後，活化情形才可能降低。

◆內側前額葉皮質

　　內側前額葉皮質的位置和額葉下方的「邊緣系統」距離最近，因此負責情緒處理和個體的意識化過程。主要功能包括：情緒調適、協調邊緣系統引發自發性的情緒反應，和情緒及社會的行為相關最高。此外，也負責意識和潛意識的整合、引發有意義的整體知覺等。當內側前額葉皮質神經細胞受到損傷時，個體除了有躁症或鬱症的行為，感覺和認知反應也會

變得較為遲鈍。

綜合上述前額各葉區的功能，可以發現前額葉皮質區在認知統整上的功能。因此，一般在罹患憂鬱症、躁症、精神分裂症、自閉症者，以及具有攻擊性行為者的前額葉皮質區，都可以發現不同程度的異常症狀。

(二) 顳葉皮質區

「顳葉」在認知功能上主要和嗅覺、聽覺有關，但是因為和邊緣系統有緊密的聯繫，和緊鄰枕葉的主要視覺區，因此顳葉除了負責聽覺、記憶功能外，還包括臉部辨識、視聽覺訊息整合、情緒整合等認知功能。整體而言，顳葉的認知功能包括：(1) 接收和詮釋聽覺、視覺訊息和其他感覺訊息的整合工作，使個體對外界有完整的認知；(2) 長期記憶（Long-Term Memory, LTM）的儲存；(3) 情緒訊息的整合。

(三) 頂葉皮質區

「頂葉」占大腦皮質的三分之一，與其他區域都有相連，因此功能特別複雜和多元，也是認知心理學研究最關心的區域，包括前區的空間活動覺察、軀體感覺系統，以及後區高級皮質區的統覺認知。目前的研究都認為，頂葉與個體的專注程度與注意力（attention）表現、學習記憶中的短期記憶（Short-Term Memory, STM）有關。頂葉障礙所導致的疾病包括：觸覺失認症、體覺失認症、空間定向障礙等。

(四) 枕葉皮質區

「枕葉」是人體原級視覺皮質區，是視覺的整合中樞。

（五）島葉皮質區

「島葉」深藏在腦的皺褶中，主要功能是連接大腦負責語言理解的「維尼克區」（Wernicke's area）和負責語言表達的「布羅卡區」（Broca's area）區的訊息傳遞，讓各語言區合作無間。

（六）胼胝體

將腦左右兩個半球切開，看起來最顯著的就是呈弓型白色的纖維束，叫做胼胝體。「胼胝體」是兩個半球之間的連結橋樑，不斷地將訊息在左右腦之間往返運送。一般而言，和男性比較起來，女性大腦的胼胝體在中間質和腦中前連合都比較大或厚，右腦和左腦皮質有較多的訊息傳遞。目前大腦成像研究也都證實女性認知運作上兩邊的視丘（thalamus）有較多連結，例如同樣面對一篇文章或語意測驗，女性的左右腦都有被激活的情形，男性則多數只靠左腦來處理。因此有人認為，男性因為「大腦側化功能」（lateralization of function）比較明顯（Cabeza, 2002; Reuter-Lorenz & Park, 2010），因學習時更容易專注；女性由於左右腦有較多的連結，除了對語意的解讀，也會引發情緒因素，因此女性在認知處理和人際互動上有較長的運作時間，也因此專注度較低。

（七）邊緣系統

在胼胝體底下的構造稱為邊緣系統（如圖 2-9），「邊緣系統」包含了多個神經核（如圖 2-10、圖 2-11），主要包括海馬迴、視丘、下視丘、杏仁核（或稱扁桃核）、尾狀核和殼核（putamen）等。邊緣系統與大腦的意識皮質間有密切的連結，不斷地把訊息往上方的大腦輸送。邊緣系統是人類的情緒處理、潛意識運作的核心區域，其中「海馬迴」和人類短期記憶

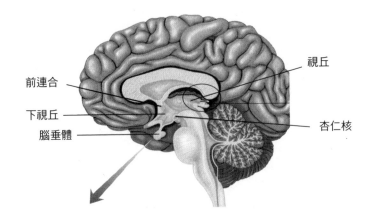

前連合

下視丘

腦垂體

視丘

杏仁核

圖 2-9　邊緣系統的位置與主要構造

資料來源：Zillmer, Spiers & Culbertson (2008).

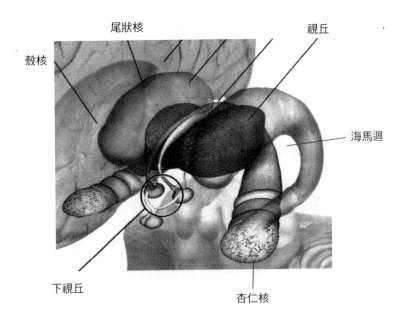

尾狀核

殼核

視丘

海馬迴

下視丘

杏仁核

圖 2-10　邊緣系統主要神經核

資料來源：修改自洪蘭譯（2002）。

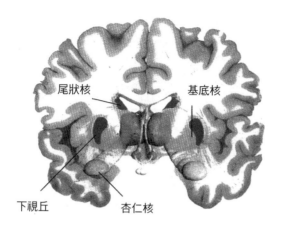

圖 2-11 邊緣系統的冠狀切面[1]
資料來源：洪蘭譯（2002）。

轉換為長期記憶的認知功能相關。這種神經生理結構證實了人類的學習和
文明的進步，與人類的情緒和潛意識處理息息相關，對人類的經驗及生存
反應有重大的影響。在高齡教育和相關研究上，目前許多研究都指出，高
齡者的「經驗」以及對該經驗的覺知對個體認知功能的影響比年輕人明顯
許多，因此在「認知老化」（cognitive aging）的研究領域，「邊緣系統」
的結構與功能是目前神經認知科學研究的重點。

　　「邊緣系統」和人類的演化相關性最高，日本著名的教育家七田真
博士所提倡的「全腦教育」，特別強調人類對「右腦」潛能的開發，七田
真博士曾經以腦的「矢狀切面」來表示人腦的三個發展階段和三層構造
（如圖 2-12）。七田真博士表示，人類的腦部在胚胎時期的生長和發育完
全遵循著「爬蟲類」、「哺乳類」到「靈長類」的發展順序，因此人腦的
運作必須仰賴這三個部分的協調運作，是一種「三位一體的腦」（鄭清清
譯，1999）。

---

[1] 「矢狀切面」是從人體中線將人體分為左右兩半的切面；將人體分為前後兩半
的切面則稱為「冠狀切面」。

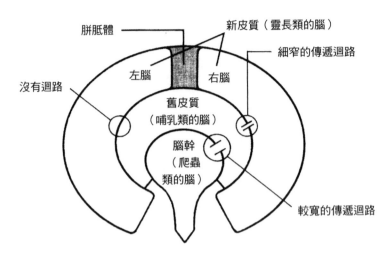

人腦在胎兒時期，某些機能只能輸往右腦，不能輸往左腦

圖 2-12　人腦的三層構造

資料來源：鄭清清譯（1999）。

　　七田真博士表示，爬蟲類的腦和哺乳類的腦之間具有雙向傳遞的迴路，因此傳遞迴路較為寬廣；哺乳類的右腦和靈長類的右腦之間的迴路則較為狹窄。至於哺乳類的左腦和靈長類的左腦之間則沒有提供雙向溝通的迴路。因此，人類在胎兒時期，有些機能只能輸往右腦，不能輸往左腦。

　　國際「腦教育」（Brain Education）的發起人李承憲博士（2008）更進一步繪製人類腦的三個演化層次：爬蟲類的腦、哺乳類的腦和靈長類的腦（即人腦）相對應區域如**圖 2-13**。李承憲博士表示，人類的大腦有三個層次，分別代表腦的三個演化階段，三個層次的腦不是各自獨立，而是相互影響、相互支援，才能發揮人類的良知、良能。因此，他提倡透過「腦波振動」（Brain Wave Vibration），協助這三個層次和諧運作，以發揮統整的功能。

　　針對「人腦的三層構造」，三個層次的發展階段和功能如下：

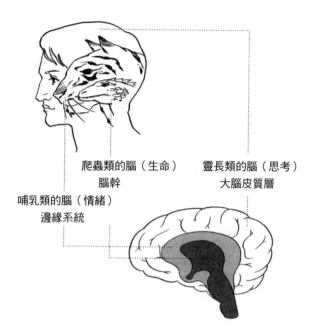

爬蟲類的腦（生命）　　靈長類的腦（思考）
腦幹　　　　　　　　　大腦皮質層
哺乳類的腦（情緒）
邊緣系統

圖 2-13　人類腦的進化階段

資料來源：Lee (2008).

1. 爬蟲類的腦：即人類的腦幹部分，就是所謂的「舊腦」，是胚胎時
   期最早發育成的腦部，負責最原始的生命功能。
2. 哺乳類的腦：即腦部的邊緣系統，就是所謂的「中腦」，是大腦的
   發電區域，掌管人類的情緒激發、學習和意識。
3. 人類的腦：即大腦皮質部分，俗稱為「新腦」，負責感覺、思考、
   語言、動作等。人類新腦皮質層的厚度大約為六張名片的厚度，
   攤開來的大小約一張餐巾紙的大小。

　　李承憲博士所提出的腦教育概念，目前受到世界各國的重視，他除
了強調舊腦、中腦、新腦和諧運作外，特別提醒我們，「中腦」對學習和
人類生活的影響。中腦和情緒相關性最高，而位於中腦區域的「海馬迴」
卻是負責認知記憶的核心構造，因此必須格外重視情緒因素對人類學習和

人類文明發展的影響。他建議每天都要安排一小段「靜坐」時間，讓新腦放慢甚至停止心智思考，遠離精神上持續性的喋喋不休，讓具有發電功能的「中腦」獲得必要的休息。

以下簡述邊緣系統中重要神經核在認知運作上所扮演的角色和功能。

◆ 海馬迴

儘管人類對於海馬迴的認識仍然有限，但是普遍認為海馬迴是人類負責學習和記憶的地方，也是記憶相關研究最重視的區域。海馬迴具有「不斷提供正向回饋的網路」（Zillmer, Spiers & Culbertson, 2008），海馬迴就像個處理器或轉錄機器，資訊進入海馬迴之後，會不斷地回饋，回饋過程中，會將錯誤的資訊捨棄，正確的資訊強化，最後形成穩固的事件記憶（圖 2-14）。由於海馬迴的位置就在邊緣系統內，因此，在訊息回饋的過程中，除了神經傳導物質的因素外，外在訊息的干擾，情緒對於學習和記憶也有相當大的影響力，因此有些研究認為人類的記憶是可以加以創造或編織的（洪蘭譯，2010）。至於海馬迴的記憶功能和情緒、正向心理學等，也是目前神經認知科學領域最重要的主題之一。

短期記憶經由海馬迴的回饋作用，把重要的部分留下來，就變成長期記憶。海馬迴對於記憶影響很大，無論是短期記憶到長期記憶，以及其他各式各樣的記憶，都有關聯。但是和海馬迴功能最相關的就是「陳述性記憶」（declarative memory），也就是需要用文字敘述，和時間、地點、人物相關的事實記憶。相對的，則是「程序記憶」（procedural memory），例如騎腳踏車、美術創作、打球運動、開車等記憶，則比較不是以文字來敘述的記憶。以高齡者而言，高齡者可能因為大腦血管病變、類澱粉蛋白的累積等因素，引起海馬迴的損傷，因此在陳述性記憶上的表現較差。

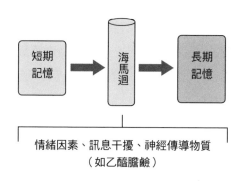

圖 2-14　海馬迴的轉譯功能

學習永不嫌遲？

　　目前研究都認為人類的大腦終其一生都會不斷製造出新的腦細胞，即使高齡者的大腦神經結構也會因為學習，產生新的神經連結。學習可刺激大腦中的「海馬迴」新增細胞，讓神經連結因此越來越複雜。

◆視丘

　　視丘是位於大腦深處的結構，它與大腦皮質層緊密結合在一起，視丘接受感覺神經所傳來的知覺訊息，並將該訊息傳送給大腦皮質層；大腦皮質層也會將訊息傳送至視丘，並由此發送至其他腦部區域和脊髓，因此所有大腦皮層送出的命令都會在這裡留下備份。目前認為，視丘也是掌管睡眠、清醒、感覺及認知等功能的關鍵區域。

◆下視丘

　　下視丘係位於腦的基底，可區分為幾個不同的區域。儘管它的大小只有一顆豌豆那麼大，重量大約為腦總重量的三百分之一（小小神經科學，2012），卻負責許多非常重要的生理機能。下視丘的功能多數和人體的自主性調節功能有關，主要包括：腦下腺功能、體內水分平衡、自主神經系統、飲食習慣、生殖系統、生物時鐘和體溫的調節等。

例如，下視丘可以偵測體溫的變化，並藉著訊息傳遞來調控體溫，下視丘的作用就如同「自動調溫器」一樣。當你感覺太熱，下視丘測得一些變化後會送出訊號，藉此使皮膚表面的血管舒張，可以快速讓血液降溫。此外，下視丘也和人類情緒性行為的產生有關，因此也是目前情緒老化研究的重點之一。

◆杏仁核（扁桃核）

杏仁核的名稱很多，有的稱為「扁桃核」，也有人稱為「杏仁體」。杏仁核是邊緣系統的皮質下中樞，有調節內臟活動和產生情緒的功能。對外在情境的變化非常敏感，可以立即引發應急反應，讓個體能夠挺身而戰或是逃離危險。事實上，杏仁核是個體情緒刺激「註冊」的地方，是個體的情緒中心。個體的情緒先在邊緣系統的杏仁核註冊，接著再分為直接或間接途徑，將訊息送達額葉，由額葉將這些訊息解讀為一種情緒。

杏仁核體積很小，對個體的情緒反應十分重要，情緒在杏仁核註冊後，杏仁核會對該情緒訊息產生一種「學習和記憶」，這種記憶可以幫助個體遠離危險。因此，從社會認知的角度來看，人類的情緒絕對不只是一種「感覺」，而是一組來自身體的、能夠幫助個體生存、遠離危險的機制（洪蘭譯，2002）。例如，被搶劫的人通常會記得犯人持用的刀械，或引以為戒，杏仁核受傷的人則無法記得這些細節。

◆尾狀核和殼核

尾狀核和殼核在胚胎時期是同一個構造，因此兩者位置是相連的。兩者唯一的不同是，尾狀核和額葉相連接，殼核則和前運動區相連結。因此在認知功能上，尾狀核主要在掌管思考、評估和計畫等高等認知過程，負責「自動化思考」部分的認知；殼核則是負責個體「自動化動作」的地方。當個體面臨緊急或特殊情境，尾狀核會激活大腦的「眶額葉皮質」的神經細胞，讓個體保持警覺，保護個體的生命安全。

◆布羅卡區和維尼克區

在認知過程中,「語言」的解讀和表達占有非常重要的位置,事實上,「聽得懂」是一種訊息的接收,「說得清楚」則牽涉到記憶訊息的檢索工作,因此,從「聽得懂」到「說得清楚」,語言的學習和表達本身就是一種完整的認知過程。根據 Dempster 在 1992 年所提出的「額葉老化假設」(frontal aging hypothesis)的概念,在個體逐漸老化的過程中,儘管在認知處理速度、工作記憶上有逐年降低的情形,但是,語彙(vocabulary)和語意(semantic)兩方面的知識和表達能力通常可以維持得很好,即使到了老老期(old-old),個體仍然可以有很好的語詞表達能力(Forster, Kochhann, Chaves & Roriz-Cruz, 2010)。因此,語言表達區的認知功能將成為未來認知老化研究的重點之一,也值得高齡教育工作者重視。

目前研究已確認,多數人的語言區只限於左腦(林金盾,2004:319),語言的理解和表達過程非常複雜,需要多個皮質區一起工作,包括:頂葉的運動皮質區(前中央迴)、枕葉的視覺聯合區和主要視覺區、顳葉的主要聽覺區、聽覺聯合區、維尼克區,以及左腦額葉下方的布羅卡區。其中「布羅卡區」和「維尼克區」,是兩個最主要的區域,「布羅卡區」和語言的「表達」有關,「維尼克區」則和語言的「理解」有關,其位置如圖 2-15。至於「布羅卡區」和「維尼克區」兩區之間的訊息傳遞,則必須由深藏在腦皺褶中的「島葉」來負責。

因此,當患者的「布羅卡區」皮質受損時,患者能聽得懂他人說話的內容,但是沒有說話的能力。醫學上所謂的「運動型失語症」者就是患者的「布羅卡區」受到損傷,也稱為「布羅卡氏失語症」。患有「運動型失語症」的人,通常會併發憂鬱、生氣表情或右側肢體乏力或麻痺症(林金盾,2004)。「維尼克區」受損的患者則是可以發音、有能力說話,但所說的內容通常文不對題或不合文法,聽起來像胡言亂語。因為「維尼克

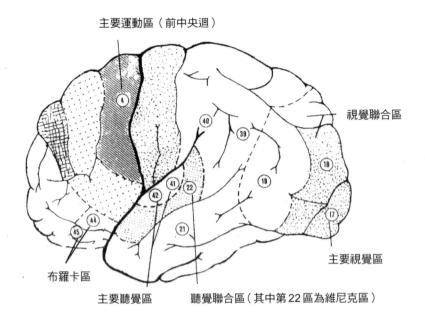

主要運動區（前中央迴）

視覺聯合區

主要視覺區

布羅卡區

主要聽覺區　　聽覺聯合區（其中第22區為維尼克區）

圖 2-15　大腦語言表達相關區域

資料來源：林金盾（2004）。

區」離顳葉聽覺區很近，因此受損傷區域很容易擴及顳葉聽覺區，一旦顳
葉聽覺區也受損，常會伴隨聽覺障礙。因為「維尼克區」受損所導致的失
語症，稱為「感覺型失語症」或「維尼克氏失語症」，也稱為「接受型失
語症」。

三、主要的大腦病變與損傷類型

　　根據目前許多神經認知科學的研究，隨著人體年齡的增加，在正常
的認知老化過程中，大腦細胞並沒有明顯的減少，真正減少的是大腦中負
責訊息傳遞的「神經傳導物質」（Alzheimer's Association, 2012）。但是，

大腦神經細胞因為病變或外在傷害，仍然會改變神經細胞的功能，影響個體的認知能力。本章只討論較常發生在高齡者身上，可能導致個體認知功能退化的各種大腦病變或損傷，包括：失智症（dementia）、中風、巴金森等動作障礙疾病，都是屬於神經退化性疾病（詹鼎正，2011）。本節以失智症、阿茲海默症和巴金森症為主要重點。

（一）失智症

　　失智症在醫學上的定義為：「心智發展成熟之成年人，逐漸出現記憶力與智能退化，其嚴重程度足以造成生活自我照顧功能或社會職業功能缺損的臨床表現。」因為經常發生在老年人身上，因此過去習慣稱為「老年癡呆症」或「老年失智」（陳抱寰，2012）。罹患失智症者，因為記憶力和認知功能的損傷，早期的表徵可能只是變得較為安靜，較少參加活動、重複問一樣的問題、找不到東西等；到了中期開始會迷失方向感、不認得家人、無法打理自己的生活；到了晚期，幾乎只有片段記憶、不記得任何事情，因此需要他人的照顧。

　　目前醫學界對失智症或阿茲海默症的瞭解越來越多，普遍認為大腦神經細胞受到傷害和大腦發生血管病變，都是造成失智症或阿茲海默症的重要原因。目前研究普遍認為，腦內產生的類澱粉斑塊及壞死神經纖維纏結，是造成失智症和阿茲海默症的主要原因。隨著斑塊的蔓延程度以及壞死神經纖維的纏結情形，目前醫學界通常將智能損傷分為以下幾種類型：(1) 輕度智能損傷；(2) 失智症；(3) 阿茲海默症；(4) 血管型失智症；(5) 額顳葉型失智症等。首先將上述疾病的症狀和生理上病變，依照症狀的輕重整理如**表** 2-1，再針對失智症和阿茲海默症介紹如後。

表 2-1　各類型智能損傷的主要症狀和生理病變

症狀名稱	主要症狀	生理上的病變
輕度智能損傷	1. 有記憶或其他知能上的衰退情形。 2. 一般智能功能正常。 3. 記憶力或智能測驗較同年齡與相同教育程度者差。 4. 處理複雜事務時，稍有影響。 5. 沒有失智症的一般症狀。	沒有明顯的大腦病變，但是有 15% 以上的患者可能演變為失智症或阿茲海默症。
失智症	1. 記憶退化並影響到生活或工作。 2. 無法勝任原本熟悉的事務。 3. 喪失對時間、地點的概念。 4. 判斷力變差、警覺性減低。 5. 抽象思考困難。 6. 東西擺放錯亂。 7. 行為或情緒出現改變。 8. 個性明顯改變。 9. 對生活事務失去主動去做的興趣。	大腦中類澱粉斑塊持續增加，引起大腦海馬迴和皮質層神經細胞的退化情形。
阿茲海默症	1. 是一種漸進式的失智症，記憶減退情形會隨時間加重，又稱為「老年失智症」。 2. 預言能力的退化。 3. 判斷力和時空感變差。 4. 有二分之一的病患會有精神行為問題，如焦慮、易努、憂鬱、妄想或攻擊性。 5. 患者的自主性功能會逐漸喪失。 6. 女性罹患阿茲海默症的機率是男性的 1.5 倍。	大腦皮質中有很多的類澱粉斑塊，許多神經細胞出現神經纖維纏結，這些病變會逐漸由海馬迴擴散到額葉、顳葉和整個大腦。
額顳葉型失智症	1. 也是一種漸進式的退化型失智症。 2. 出現時間較早，通常在 70 歲以前發病。 3. 在社交或個人行為控制上出現問題，如不當的言論、不當的情緒表達、重複一些無法克制的動作。	大腦額葉中的類澱粉斑塊會逐年增加。
血管型失智症	1. 記憶力降低、忘東忘西，但嚴重程度比罹患阿茲海默症者低。 2. 日常生活之處理能力緩慢、手腳肢體行動笨拙。 3. 抽象及想像能力減弱。 4. 臉部表情呆滯，但是病人有病識感，很少產生精神錯亂或人格改變的症狀。	因為大腦血管病變或中風，導致神經細胞的死亡；中風病人若存活下來，每年約有 5% 病人會有失智症。

參考資料：王培寧、劉秀枝（2010）；Alzheimer's Association (2012)。

（二）阿茲海默症

　　阿茲海默症是一種漸進式的認知功能退化，因此又稱為「老年失智症」。阿茲海默症發生初期，在病徵還無法用現有的測試法偵察出來之前，腦內的斑塊和神經纖維纏結就已經開始在腦內某些區域形成，主要包括顳葉區，如圖 2-16。這些區域的功能包括：學習與記憶、思考與策劃。

　　輕度至中度的阿茲海默症階段，腦部中主要負責記憶、思考和策劃的顳葉、額葉兩個區域，會形成較多的斑塊和神經纖維纏結，最終導致明顯的記憶力或思考力退化，情況嚴重到妨礙日常工作和社交生活。在處理金錢、表達自己和組織思考上也會感到困難。多數的阿茲海默症患者都是在這個階段被診斷出來的。

　　到了阿茲海默症重度階段，斑塊和神經纖維纏結會蔓延至語言區、頂葉與枕葉區。因此患者除了無法自我照顧和自我表達、缺乏方向感，也可能出現性格和行為上的改變，甚至無法辨認家人和朋友。在重度階段，大部分腦部皮層都已經被嚴重損壞，腦部也會因為腦細胞大量死亡明顯的萎縮。

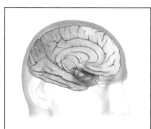	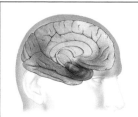	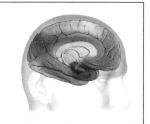
阿茲海默症初期階段——腦內產生斑塊和纏結的區域以顳葉為主	阿茲海默症中度階段——腦內產生斑塊和纏結的區域延伸至額葉和枕葉	阿茲海默症重度階段——腦內產生斑塊和纏結的區域已擴及整個大腦

圖 2-16　阿茲海默症不同階段的腦部病變情形

資料來源：Alzheimer's Association (2012).

阿茲海默症會遺傳嗎？

　　阿茲海默症又稱為老年失智症，根據目前的研究，有三種基因病變可能會導致阿茲海默症，最常見的是位於第19對染色體的ApoE4基因。擁有一個ApoE4基因，罹患阿茲海默症的機率是48%，平均發病年齡為75歲；擁有一對ApoE4基因，罹患機率是91%，平均發病年齡為68歲（林天送，2003）。

（三）巴金森症及相關疾病

　　儘管高齡教育工作者對巴金森症的認識較多，但是對於和巴金森症狀相似的其他疾病並不瞭解，因此容易混淆，甚至耽誤治療和復健時間。因此，台大醫院為了提供民眾整合性的服務，整合了神經內科、神經外科、核子醫學、影像醫學、基因醫學、復健與精神等專業資源，成立了「巴金森症暨動作障礙中心」，證明了巴金森症候群的多樣性特質。一般而言，會讓患者表現出和巴金森相似症狀的疾病，通稱為「神經系統病變」（詹鼎正，2011），主要分為巴金森症和巴金森症候群（Parkinson's syndrome）兩類。

◆巴金森症

　　巴金森症的病因是中樞神經系統中，分泌多巴胺的黑質（substantia nigra）神經細胞退化死亡，使得腦中多巴胺的分泌量不足。巴金森症是最常見的「動作障礙」（movement disorders）疾病，巴金森症也是除了阿茲海默症以外，老人最常見的神經退化性疾病。盛行率大約是 1 ～ 2%，因此預估台灣差不多有三萬人左右的銀髮長者可能患有巴金森症。醫學上在診斷巴金森症時，有幾個典型症狀：患者除了四肢會不自主的抖動外，還會有動作緩慢和肢體僵硬的情形，其中「動作緩慢」是臨床診斷的重點

（詹鼎正，2011；陳品豪、劉智仰、陳鵬升，2008），巴金森症患者要開始走路前，腳好像釘在地板上，抬不起來，邁不開步伐，是非常重要的診斷標準。至於巴金森症的患者常會面無表情，即俗稱的「面具臉」（mask face）（陳品豪、劉智仰、陳鵬升，2008）。巴金森症患者在發病過程中，寫字時愈寫愈小，講話愈說愈快，到最後口齒不清；走路時腳步愈來愈小、愈快，因而導致跌倒。

巴金森症最明顯的症狀是四肢不自主地抖動，這種抖動常是不對稱性的，也就是可能只有左手，右手完全沒事。而且個體在休息時間比較容易出現抖動情形，活動時候反而會消失。巴金森症患者四肢抖動的速度不快，差不多每秒 3 ～ 5 次。

另外，有一些患者會有不同的抖動情形，四肢抖動的情形剛好與巴金森症相反，患者在休息放鬆時不會有明顯的抖動，活動時候反而抖動厲害，稱為「原發性顫抖症」（essential tremor）。原發性顫抖症速度比較快，每秒 4 ～ 12 次左右，而且老年人口的盛行率高達 5% 左右，比巴金森症高得多。

◆巴金森症候群

除了因黑質神經細胞退化所引發的多巴胺分泌不足，因為腦中其他部分功能退化或是藥物的副作用所引起的類似症狀，則通稱為「巴金森症候群」。「巴金森症候群」指的是一些臨床表現有巴金森症的抖動、僵硬、動作慢等症狀，但是還會加上其他如小腦失衡、自主神經系統的問題。這些疾病腦中病變的位置都不在黑質，而在其他的部位。

自我評量

1. 人體腦部影響學習和認知功能的神經傳導物質有哪幾種？分別有哪些功能？
2. 從腦的外觀來看，大腦皮質主要分為額葉、顳葉、頂葉和枕葉四個區域，各區域的認知功能有何不同？
3. 如果把腦的構造區分為：端腦、間腦、中腦和後腦等四個區域，則「邊緣系統」應歸屬於上述哪一個區域？「邊緣系統」和人體的認知功能有哪些關係？
4. 大腦的病變與損傷有哪幾種類型？試著整理不同大腦損傷的生理病變和行為特徵。

大腦結構與功能的參考網站

1. 基本的大腦功能和阿茲海默症的認識。可參考美國 Alzheimer's Association。http://www.alz.org/brain
2. 進一步的大腦知識。可參考哈佛大學全腦圖集。http://www.med.harvard.edu/AANLIB
3. 腦部互動圖。可參考英國國家廣播公司。http://www.bbc.co.uk/science/humanbody/body/interactives/organs/brainmap/
4. 阿茲海默症的教育和相關服務。可參考美國國家老人學研究院。http://www.nia.nih.gov/alzheimers

Chapter 3

認知功能的界定與內涵

記得博二那年的春天，教授高齡學的黃富順教授第一堂課就問我們：「什麼是『認知』，有哪一位可以回答呢？」同學們每一個都被問得愣住了，五個人有五個完全不同的答案，卻沒有一個答案讓老師滿意。教書多年，在教授「老人課程教學設計」相關課程時，我也習慣問學員：「大家覺得，什麼是『認知』？」二十多個人有十幾個不同的答案。

的確，儘管大家經常把「認知」兩個字和其他字詞連結使用，例如把「認知」當成名詞，大家耳熟能詳的有：「數學認知」、「語文認知」、「情緒認知」、「社會認知」、「後設認知」等等；有人則把「認知」當成動詞或形容詞，例如：「認知心理學」、「認知科學」、「認知行為學」、「認知失調」、「認知風格」等等。這些理論或知識都和認知有關，也都可以呈現認知的部分特質。

為了讓讀者對認知有完整的瞭解，首先介紹認知的相關理論基礎，根據不同的理論基礎，瞭解認知的不同意涵；繼而針對各相關名詞進行說明。

一、認知的界定與內涵

認知是一種知識的獲得和運用的歷程，認知能力的定義因為研究領域的不同而有所差異，不同典範的學者對於認知的界定仍然有不同的觀點。從最早的完形心理學（Gestalt Psychology）、發展心理學、認知學習理論（Cognitive Learning Theory）、訊息處理論（Informational Process），到現代的行為心理與神經科學的整合性觀點，學者們對認知的概念都也有所不同，不同的認知觀點也決定認知研究的方向、內容和方法（陳李綢，1999；鄭麗玉，1993；Forster, Kochhann, Chaves, & Roriz-Cruz, 2010; Reuter-Lorenz & Park, 2010）。

（一）完形心理學的觀點

完形心理學強調對事物的「領悟」（insight），認為人類必須先有領悟才有學習。學習必須透過個體心理活動的運作，內在心理活動和外在環境交互作用的結果才能產生學習。因此，「認知」是個人思考和解決問題的能力；認知歷程則包括遭遇困難、設定問題、形成假設、驗證假設等四個心理活動階段。

（二）發展心理學的觀點

發展心理學是心理學的分支，主要是研究人類隨著年齡的增長時，在發展過程的心理轉變。因此發展心理學把「認知」視為個體心智的發展或成長，認為個體的認知是一種持續發展的歷程。經常使用「認知發展」來表示個人心智結構的成長，以及心智活動的發展歷程。Jean Piaget 的「認知發展理論」（Cognitive-Developmental Theory）可為代表。

（三）認知學習理論的觀點

「認知學習理論」由 Jerome Bruner 所提出，強調人類的學習是一種「認知學習理論主動的反應，個體面對外界各種訊息時，會自動的透過內在模式或表徵系統加以轉譯，進而領悟、超越並獲得理解。因此，「認知」是個體求知及對外界訊息的解讀、辨識的過程。一般所說的「數學認知」、「語文認知」、「科學認知」等，就是一種認知學習理論的觀點。例如，輔導諮商理論中的「認知行為學派」（Cognitive-Behavioral Theories）對認知的界定就是採取「認知學習理論」的觀點。主要觀點包括：個體的想法會導致各種情緒與行為、個體的身心疾病源自於負向思考模式、個體的情緒性症狀可以透過改變心智模式加以改善。

（四）訊息處理論的觀點

　　受到電腦發展的啟發，訊息處理論從電腦擬人化的觀點來詮釋「認知」的歷程，主張「認知」就是個體對訊息的接收、處理和運用的過程。認知歷程則包括訊息的輸入、轉換、儲存、輸出、檢索或運用等過程。由於訊息處理論對認知歷程的完整描述，語言學研究學者因此提出「心理語言學」，其中，由於訊息處理論具體列出認知的媒介、過程與途徑，讓認知相關研究快速的發展。

（五）心理語言學的觀點

　　心理語言學（Psycholinguistics）的理論基礎主要是行為主義心理學，行為主義認為語言的學習就是不斷地刺激、強化。例如，兒童對符號表徵或語言的學習就是不斷地對環境刺激做出反應，反覆強化，形成語言習慣，從而形成語言行為。因此將「認知」界定為：個人獲得各種符號表徵或語言的綜合體。認知歷程則包括人類聲音或形象符號的意義化、抽象化及規則化等。

（六）現代的整合性觀點

　　這些年來由於研究技術的發展，明顯地改變過去傳統心理學對於個體行為的詮釋，目前有關個體行為認知研究都是採取「行為心理」和「神經科學」整合性觀點，這種整合性觀點依據研究者所屬學門，有的稱為「認知神經科學」（cognitive neuroscience）研究，有的稱為「神經認知科學」（neurocognitive science）研究。

　　整合性的觀點將「認知」解讀為人類智能活動與心理狀態交互作用的複雜歷程，同時延續「訊息處理論」的觀點，針對認知訊息輸

入、處理、檢索和運作的過程進行觀察與分析。這些觀點不僅讓醫學研究人員可以瞭解人類大腦認知功能在不同年齡階段的改變，也讓心理和教育工作者，更能夠掌握個體在學習過程中的心智模式改變。「神經生理學」的認知能力是指個體對於外在環境的刺激或內在環境的需求，產生專心、注意、辨識、確認、規劃和執行過程，而完成對個體生存有意義反應的能力（Zillmer, Spiers, & Culbertson, 2008）

整合性的「認知神經科學」和「神經認知科學」觀點都認為，認知能力除了心智活動外，也應該包括個人的知識、意識、心智技巧、思考力、知覺、記憶、想像力、推理能力、計畫能力和創造力等等。認知界定的多元化，讓我們對人類心智能力的多元面貌有更深入的瞭解，因此除了認知，情緒認知、社會認知、後設認知等也開始受到重視，至於「認知風格」則在瞭解個人對外在訊息的反應和處理模式。

綜合上述幾種觀點可以發現，隨著人類知識和科學技術的發展，人們對於「認知」有不同的界定。從完形心理學、發展心理學、行為主義的心理語言學，學者對認知的界定仍然較為抽象，到了訊息處理論，才明白指出認知的歷程，認知研究的範疇才開始呈現開闊、多元的面貌，也將認知視為一連串的發展歷程。

筆者綜合上述幾個不同的觀點，將「認知」的意涵界定如下：

1. 不管是知覺、訊息處理、記憶、語言學習，甚至是高層次思考與判斷，都涉及大腦神經系統的運作，因此認知發展與個人的大腦和心智活動有關。
2. 肯定個人的身心發展是受到遺傳和環境的交互影響，因此認知的發展是個人內在認知結構和外在環境交互作用下的結果。
3. 認知的成長是個人心智能力的增加，也是知識及經驗的增加，因此認知發展是認知結構量化和認知歷程質化的改變。

二、認知科學

　　認知科學是一種整合性的概念，根據訊息處理論和神經認知科學的觀點，完整的認知程序是指個體接受感覺訊息的輸入，經過中樞神經的處理，包括知覺、注意、學習、記憶、思考、提出策略與解決問題，然後產生運動訊息的輸出，並由「動器」來執行個體意識主張的全部過程。簡言之，認知牽涉到整個大腦的機制與功能，其輸入與輸出功能的運作一如電腦的運作。因此「電腦科學」、「認知心理學」和「大腦神經科學」三者經常統合起來稱為「認知科學」（林金盾，2004；梅錦榮，1991）。本書僅針對認知心理學和大腦認知神經科學兩個領域的幾個重要名詞進行討論。

（一）認知心理學

　　認知心理學的研究取向不同於過去行為主義的心理學，強調使用「系統化」的研究方法，並認同人類原本就有一種內在的心理狀態，例如動機、欲望和信仰等，都是個體原本具有的心理能量。認知心理學主要理論架構是「訊息處理論」的觀點，把人類當成「主動」的訊息處理者；認知心理學主要在探討人類憑感官接受訊息、儲存訊息，以及提取或運用訊息等不同階段所發生的事。因此，認知心理學也經常被稱為「訊息處理心理學」（鄭麗玉，2003）。研究的內容包括思維、決策、推理、動機和情感等，其目的在瞭解個體的記憶、注意、知識表徵、推理、創造力及解決問題等心智運作方式。

　　認知心理學認為人類個體是由兩個主要系統所組成，即「維生系統」（regulatory system）和「認知系統」（cognitive system）。「維生系統」主要負責個人情緒、動機，以及生命的延續功能；「認知系統」主要

負責個人學習與認知運作功能，但是兩個系統之間相互影響、緊密相關。因此，過去的認知心理學對人類認知能力的研究主要有三個主題：

1. 人類的知識和經驗是如何獲得的，獲得的歷程為何。
2. 人類的知識和經驗以何種結構或型態儲存於大腦中。
3. 人類的知識和經驗如何和外來的訊息產生交互作用，以達到各種不同心智運作與認知的目的（轉摘自鄭昭明，1993）。

現代認知心理學的研究則是一種整合性的「神經認知科學」觀點，主要在探究「維生系統」和「認知系統」兩個系統之間的互動關係。

認知心理學將人類看作一個學習和認知的系統，為了說明認知心理學的運作過程與機制，鄭昭明（1993）將人類的學習認知分為四個次系統，用以詮釋人類的學習和認知情形，對人類認知行為的運作歷程有相當明確的詮釋。這四個系統包括：有限容量的訊息傳遞與處理系統、認知策略系統、知識系統和監控認知系統，四者的關係如圖 3-1。

圖 3-1 中，實線箭頭代表訊息從一個系統傳遞到另一個系統方向，有些是由上而下，有些則由下而上，都代表著訊息的傳遞方向。例如「訊息傳遞與處理系統」又分為：感覺的訊息登錄、注意與辨識、短期記憶和長期記憶等四個階段，透過訊息的傳遞和處理，因此形成新的知識或認知策略。

虛線箭頭部分則代表訊息的掌控情形，例如，訊息傳遞與處理系統的虛線箭頭指向監控認知系統，表示監控認知系統對訊息傳遞與處理系統有覺察（awareness）功能；至於監控認知系統的虛線箭頭所指向的系統，代表監控認知系統對該系統有控制功能。因此，監控認知系統對認知策略系統、知識系統以及訊息傳遞與處理系統都有控制能力。

在認知相關研究領域上，有關監控認知系統的研究一直都是教學心理學、成人教學、學習評量、特殊兒童教育等不同研究領域的核心概念，並稱之為「後設認知」（meta-cognition）。不管是監控認知或後設認知，

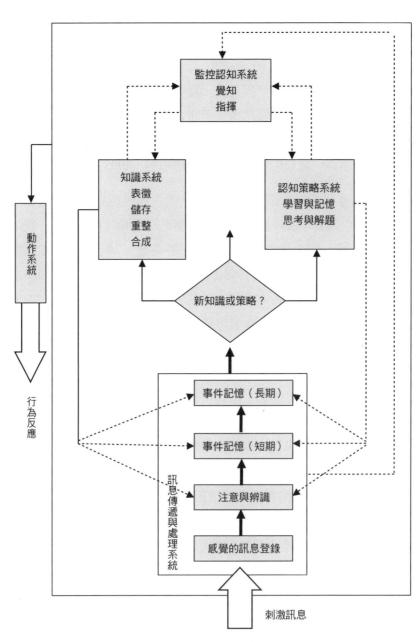

圖 3-1　人類的學習認知系統

資料來源：鄭昭明（1993）。

都是指個體所發展出來的一種自我監控與指揮能力，藉著監控認知或後設認知能力，個體因此能夠依據自己的需要，適當使用自己的認知策略，處理各種訊息。例如，教學心理學在區分所謂的「專家」（expert）和「生手」（novice）時，就是指兩者在認知策略上的差異，「專家」通常在相關的訊息處理上，除了擁有熟練的認知策略，更具有特殊的監控或後設認知能力，因此對於刺激訊息有不同的處理模式。

儘管這些年來整合性的「神經認知科學」研究陸續探究高齡者在認知功能上的特質，但是有關高齡者的監控或後設認知能力的研究，則是鳳毛麟角，因此限制了高齡者認知功能促進或提升的相關研究（Mohlman, 2009）。透過大腦成像等技術的進步，相信未來會有相當大的突破或進展。

（二）認知神經科學

晚近所發展出來的整合性觀點，通常可以再區分為兩個不同的研究領域，且依據研究者所屬的學門有不同的稱呼。在教育、心理、語言學等社會科學領域，通常使用「認知神經科學」一詞，主要的研究目的除了透過大腦成像、斷層掃描、功能性掃描等研究技術，瞭解人體的大腦在認知過程中每一個區域所產生的神經生理變化，最終的目的是瞭解個體的心理知覺、情緒調適和心智模式上的改變情形，以便提供個體或學習者適當的指導或協助。

因此這一類的研究對象以兒童和學習障礙者為主要研究對象，研究時，通常會和「社會性認知」（social cognition）、動機與情緒、心理行為模式等結合。例如，觀察大腦布羅卡區或維尼克區的活化情形，以瞭解語言障礙者大腦病變和語言損傷的程度或相關情形；探討妥瑞氏症學童的表現行為和大腦認知抑制功能的關係；探討妥瑞氏症學童的社會認知心智和非社會認知技巧之間的關係等，都是屬於「認知神經科學」領域的研究與

應用。

　　簡言之，「認知神經科學」是透過大腦神經科學的研究技術，瞭解學習者在大腦結構上的損傷情形，藉此瞭解學習者在認知功能上的障礙或缺失等特質，並針對這些認知功能特質或障礙，規劃個別化教材，除了提供學習者特殊的學習策略，並協助其善用自己的優勢認知功能，提升其認知效能（Utendale, Hubert, Saint-Pierre & Hastings, 2011）。

　　台灣有關「認知神經科學」的研究才正在起步階段，例如，2003 年 9 月才成立的中央大學「認知神經科學研究所」是台灣第一個以「認知神經科學」為研究主軸的研究所，該研究主題就是在探究大腦認知機制與人類行為的關係。該所與前陽明大學的「神經科學研究所」在師資、研究資源及學生交流上都密切的合作。至於研究的議題，除了一般認知功能外，特別關心本土意涵的認知行為運作，例如，語言、閱讀的發展、認知處理以及認知障礙。同時也針對特殊族群的認知運作，如閱讀障礙、科學資優生、失語症、自閉症、聽障、語言障礙，做深入的研究。

（三）神經認知科學

　　至於醫學或神經生理學等領域的研究則通常採取「神經認知科學」觀點，研究團隊幾乎都是傳統醫學研究人員或臨床醫師，研究目的是觀察大腦各區域的活化情形，瞭解病患認知功能的損傷程度與大腦神經細胞損傷程度的相關性，以及大腦的結構與功能在老化過程中所發生的變化，因此通常以大腦產生病變的患者為主要對象。至於研究的方法，除了觀察大腦病變者的大腦結構，並記錄受試者的認知功能外，也經常比較年輕人和高齡者在認知功能上的差異程度，以瞭解大腦神經結構在自然老化過程中所產生的變化。

　　本書撰寫的目的係透過人體大腦的結構與認知功能的認識，引導讀者瞭解高齡者在認知老化過程中可能發生的認知結構與功能變化，因此仍

然採取「神經認知科學」的觀點。除了介紹目前各國整合性的神經認知科學相關研究，更期待讀者能將各種研究變項或研究資料轉化為可用的訊息，進而轉化為課程或教學活動，以有效提升高齡者的認知功能。

（四）學科的認知

針對不同認知內容或訊息的認知可分為：數學認知、科學認知或語文認知等。國內張新仁（1989）曾經針對不同語言、作文、數學、科學等四個不同學科領域，分析其認知歷程。她認為不同學科的認知歷程有所差異，因此，瞭解不同學科訊息的認知歷程，都有助於教師的教學策略的規劃和教材設計。依據不同學科內容，哈佛大學教授 Howard Gardner 在 1983 年提出「多元智慧」（mutiple intelligences）的概念，認為不同學科的認知領域至少可以包括：語文認知、數學認知、科學認知、音樂認知、肢體認知、空間認知、人際互動認知等不同領域，以及與個人內省智慧有關的「情緒認知」。情緒認知也是個人社會認知的一部分，例如 John Bowlby 所提出來的「依附」（attachment）概念就是情緒認知的研究內涵，而 Jean Piaget 的「認知發展理論」則通常被納入「依附理論」的一個理論基礎。可見，情緒認知和人際互動息息相關。

（五）社會認知

整合性的觀點認為，認知能力應該包括個人的心智活動、個人的知識、記憶、注意、學習能力、意識、心智技巧、思考力、想像力、創造力、推理能力、計畫能力、策略與解決問題的能力等，也應該包括個體的社會認知或社會覺知等。其中，「社會認知」是個體透過與人互動過程，將個體接收到的訊息轉為一種「覺察」，並因此而形成一種記憶，也可能形成身體的一種壓力。由於高齡者生活經驗的豐富度高，因此高齡者的社

會文化因素對心理健康的影響格外明顯，因此，有關高齡者的社會認知也受到高齡教育學者們高度的重視。

過去幾年來有關高齡者認知功能的相關研究主要包括：

1. 年輕人和老年人認知策略的比較。
2. 年齡因素在認知評估（appraisal）與認知情緒（emotion）之間所扮演的仲裁角色。
3. 有關高齡者認知類型與認知本質的研究。

如今這些研究越來越趨向探討高齡者社會文化因素對這些認知功能的影響程度（Ickes & Dugosh, 2000）。為了瞭解高齡者社會認知功能的發展和影響因素，Ickes 和 Dugosh 兩人特別提出兩種研究觀點：一者是 Schutz 在 1970 年所提出來的「現象學與社會關係」的觀點，一者是 Wegner、Giuliano 和 Hertel 等人在 1985 年所提出來的「認知相互依賴」（cognitive interdependence）的觀點。兩種觀點都可以提供高齡社會認知相關研究非常寬廣的研究視野。

(六) 後設認知

後設認知是個體對自己的認知歷程能夠掌握、控制、支配、監督和評鑑的一種知識，是個體在有了知識之後，為了指揮、運用並監督既有知識所衍生出來的一種知識（陳李綢，1999；鄭昭明，1993），也有學者稱為「監控認知」（鄭昭明，1993）。後設認知是個體對於「認知過程」的監控知識，不同認知理論典範的後設認知研究，都有不同的內容和重點。例如根據晚近受到較多重視的「訊息處理論」觀點，後設認知的研究內容主要包括：訊息的控制模式、對訊息處理模式的描述、自我調整機制的描述、類化和策略訓練模式的描述。至於建基於「行為主義心理學」的後設認知研究，則在瞭解後設認知在中介學習過程中所扮演的角色、後設

認知的來源、後設認知在行為改變技術工程學中的重要性等（陳李綢，1999）。

後設認知或監控認知的概念主要應用在教育和教學領域，近來陸續有高齡教育學者探討高齡者的後設認知能力發展，以瞭解高齡後設認知能力對高齡者自我調適能力的影響，或者探討年齡對高齡者認知記憶功能自我陳述和認知老化知識的影響（Reese & Cherry, 2006），並開始設計專為高齡者使用的後設認知問卷（Buckley, Norton, Deberard, Welsh-Bohmer, & Tschanz, 2009）。

（七）認知風格

「認知風格」（cognitive style）的概念主要由 Kirton（1976）所提出，其概念與 Kolb 所提出的「學習風格」（learning style）相近。教育和輔導領域較常使用 Kolb 的學習風格概念；Kirton 的認知風格概念則較常應用於工商業等企業經營與領導。Kolb 的學習風格強調，即使面對同一個主題、同一個時空，每一個人都會依照自己的學習方式進行學習，這種學習方式就是一種的學習風格。學習風格是影響學習的重要因素，因此 Kolb 提出不同的學習風格類型以引導教師的教學，提醒教學者的教學方法必須配合學習者的學習偏好，同時將學習風格類型應用在企業的領導培訓課程上，提醒領導者必須掌握不同學習風格學習者的學習優勢。Kolb 認為學習風格的內涵主要包括：

1. 學習者對學習方式的偏好。
2. 具有穩定、一致、個人獨特性。
3. 與情境脈絡有關。
4. 牽涉到學習者個人的認知、情意、社會、生理、環境等因素。

Kirton 則強調個體在解決問題之前的認知歷程，Kirton 指出，有些

人的認知歷程屬於調適型風格（adaptation），有些人屬於創新型風格（innovation），不同認知風格的人其創新的型態並不相同，他稱之為 KAI（Kirton Adaptation Innovation）理論。根據 KAI 理論，調適型的人在解決問題時，會根據現有的典範解決問題，他們傾向於把眼前的工作做好，並被動地等待機會；通常調適型的人較遵從組織的規範，也容易得到上司的賞識。至於創新型的人，則傾向於以不一樣的方式來完成任務，他們會超越現有典範，從新角度來看事情，來定義問題，尋找問題解決模式（轉摘自徐聯恩、田文彬，2002：34）。

三、從神經認知科學角度解讀人類的認知功能

透過正子造影（Positron Emission Tomography, PET）、磁核共振（MRI）、功能性磁核共振（fMRI）、大腦成像（brain imaging）等技術的協助，越來越多的神經心理學家投入人類認知科學的研究領域。這些學者通常採取「行為心理」和「神經科學」的整合性觀點，將「認知」界定為「個人心智活動與心理狀態綜合運用的複雜歷程」。目前影響最大的「神經心理學」（neuropsychology）即是一種整合性觀點，並形成全新的「神經認知科學」研究領域（Reuter-Lorenz & Park, 2010）。神經認知科學的研究成果，已明顯地改變過去傳統心理學對於個體認知行為的詮釋。不僅影響認知科學的相關研究，也讓高齡教育相關規劃的範疇更加寬廣，對於高齡者潛能的開發有非常積極的意義。

（一）認知老化的神經心理學研究趨勢

神經心理學是一門應用科學，主要是研究大腦功能在行為層次上的表現情形。至於神經心理學所研究的行為，根據行為的功能系統，可分為

三種不同的行為研究類型：

1. 認知歷程（cognitive processes）的觀點：強調行為在訊息處理上所展現的特質。

2. 情緒（emotion）表達的觀點：例如個人行為所展現出來的情感成分。

3. 中央執行功能（executive function）的觀點：是指個體能夠成功、獨自完全參與並完成某種活動的行為能力，不同類型的行為相互影響，並相互為用（Forster, Kochhann, Chaves & Roriz-Cruz, 2010: 397-399）。

　　一般而言，有關高齡者認知老化的研究多數採取「中央執行功能」的觀點，認為年長者受限於中央執行功能處理訊息的速度與能量下降，因此在限定時間內學習相同分量的材料，年長者的記憶能力會比年輕人差。然而對於一旦學會的事，年長者的記憶表現就不遜於年輕人了。

　　越來越多的神經認知科學研究證據顯示，高齡者的認知功能呈現很多重要的改變，這些改變不僅隨個體年齡增加而改變，也會隨著不同個體的生理狀況、情緒改變、社會參與等情況而有不同程度的認知行為表現。神經心理學家普遍認為，在個體逐漸老化的過程中，語彙和語意兩方面的知識和表達能力通常可以維持得很好，即使到了老老期，個體仍然可以有很好的語詞表達能力。但是，隨著年齡增加，有些認知行為會明顯的降低，例如：不容易學習或吸收新的資訊、工作記憶的運作效能減低、推理的能力減低、認知處理速度減緩、對外在的干擾訊息越來越敏感等。也就是說，隨著年齡的增加，高齡者在認知上的「自我控制」（self-control）能力會愈來愈差，越來越沒有能力排除外界的干擾或刺激，因此注意力逐漸減低，漸漸地無法長時間的專注，因而影響學習或生活適應。這就是 Dempster 在 1992 年所提出的「額葉老化假設」的概念（Forster, Kochhann, Chaves & Roriz-Cruz, 2010; Rodriguez-Aranda & Sundet, 2006）。

（二）高齡大腦結構的認知功能分析

一般而言，有關高齡大腦結構的分析研究通常分為三個類型，包括：大腦白質（white matter）萎縮的量和比例，大腦各特化區域和全腦功能的分析，以及以大腦智慧為基礎（brain-wise basis）的大腦自主功能分析。其中大腦各區域的功能分析又分為幾種類型，最主要的類型是有關大腦各區域的代謝或活動情形，以及各皮質區域參與不同認知功能的比例研究。第二類型則是排除監控情境，瞭解大腦在靜止狀態下，有哪些神經心理學表現。最後一類則是在儀器監視下，瞭解受試者的大腦變化和認知行為之間的關係（Forster, Kochhann, Chaves & Roriz-Cruz, 2010: 391-392）。至於研究工具的選擇，則以目前大腦成像、功能性核磁共振（fMRI）、核磁共振（MRI）、正子造影（PET）等技術為主。

目前各種大腦結構與功能分析研究都證實，大腦白質的改變會造成人體的正常老化，白質的改變和年齡的相關程度最高，因此也是造成認知老化的主要因素（Forster, Kochhann, Chaves & Roriz-Cruz, 2010; Reuter-Lorenz & Park, 2010）。截至目前為止，研究者對於大腦各不同皮質區相對應的認知功能仍然有不同的看法，但是彼此間仍然有一些共識（Anderson et al., 2008; Forster, Kochhann, Chaves & Roriz-Cruz, 2010; Kennedy & Raz, 2009; Reuter-Lorenz & Park, 2010）。目前以認知老化為主的神經認知科學研究，普遍將大腦認知功能區分為下列三個區域：

◆ 大腦前段皮質區的相關認知功能

神經認知科學相關研究普遍認為，大腦前段（anterior）皮質區的功能都和「年齡」有關，因此會隨著年齡的增加而下降。其中，大腦「前額葉皮質區」相對應的認知功能受到最高的重視和討論，目前認為前額葉的認知功能主要包括：「認知處理速度」和「工作記憶」，Roriz-Cruz 等人（2007）表示，大腦是一個布滿血管、充滿養分的器官，其中，前額

葉的血管密度最高，額葉皮質對於因為血液量不足或缺乏的情形非常敏感，很容易受到個體新陳代謝功能的影響，因為年齡所造成的血液量減少，也會造成前額葉功能的損傷，例如「額葉－皮質下衰老症」（Frontal-subcortical Geriatric Syndrome）。因此，隨著年齡增加，個體的認知處理速度和工作記憶的確有明顯的下降。

◆大腦後段或背部皮質區的相關認知功能

目前研究認為，大腦後段或背部（posterior）皮質區的認知功能多數是和認知「抑制」（inhibition）功能以及「任務轉換」（task-switching）的認知功能有關。因此，當個體的大腦後段或背部皮質區受到傷害，個體就無法針對不同的刺激給予不同的回應，一方面是抑制功能的不足，另一方面是認知調適功能的下降。例如，目前許多情緒老化（emotional aging）的相關研究都認為，高齡者的「情緒調適」（emotional regulation）能力和個體年齡的增加有正相關，年齡越長的受試者越傾向針對積極、正向的刺激給予回應，稱為「正向效應」（positivity effect）。但是，當正向刺激呈現多元化的時候，高齡者轉而對負面情緒給予較多的回應。因此 Scheibe 和 Carstensen 的研究認為，當外界情境呈現負向或挫敗的情緒刺激時，高齡者會把情緒固著在負向情緒上，因為負向情緒會主動地吸引個體的注意力，因此，逃離負面情緒刺激的反應，是個體認知運作與控制的結果（Scheibe & Carstensen, 2010）。

◆大腦中央皮質區的相關認知功能

研究者對於大腦中央皮質區的研究比前段皮質區的研究數量少，多數研究都認為個體的大腦中央皮質區主要是負責認知過程的掌控，和情節式（episodic）的認知記憶最相關。因此，隨著年齡增加，個體的情節式記憶會明顯的下降，對於老年以後的日常生活回憶，常常是一種似曾相似的記憶，而不是一種清晰可見的回憶。目前許多有關阿茲海默症（AD）

的研究都發現，罹患阿茲海默症者，在大腦中央皮質部分都有相當程度的萎縮情形（Dickerson et al., 2009）。

上述三皮質區域中，因為年齡增加而減少的白質比例，以「前額葉皮質區」最為明顯，其次為「中央顳葉皮質區」（medial temporal lobe cortex）。中央顳葉皮質區重量減輕部分，包括整個皮質變薄、皮質表層的重量減輕兩種。通常高齡者在中央顳葉皮質區的認知功能退化都是因為「皮質變薄」所造成的，就連罹患阿茲海默症初期的人，中央顳葉皮質也有變薄的情形。因此目前研究者一致認為，「大腦容量減輕」是造成高齡者輕度認知功能退化的主要原因（Dickerson et al., 2009; Hedden & Gabrieli, 2004）。

儘管不同研究者普遍認為上述三個不同的大腦皮質區都掌管某些特殊的認知功能，但是和「年齡」有關的認知退化情形，絕對不是單一皮質區的退化，而是不同皮質區彼此間的連結和互補作用。Gunning-Dixon 和研究室夥伴（2009）的研究表示：「個體老化過程中所減少的『白質』，可能因此造成不同皮質區之間的『分離情形』（disconnection），因而造成某些認知功能的降低，這可能是個體認知老化的主要原因。」Gunning-Dixon 等人甚至推測，這種皮質間的分離情形可能是導致個體在高齡期罹患憂鬱症的主要原因。

四、認知與記憶

從學習到產生記憶的歷程，類似神經的訊息處理過程，其中資訊的輸入和記憶的形成是影響學習最重要的歷程，說明如下：

　　1. 訊息輸入：有效的刺激興奮感覺器官內的受器，才能讓個體感知環境訊息的輸入。因此這個階段包括「知覺」和「注意」兩個子

階段;「知覺」是將感覺訊息組成有意義的對象,是在已儲存的知識經驗的參與下,掌握刺激的意義。

2. 記憶的形成:記憶的形成主要和基底核內的杏仁核、視丘、下視丘等,以及邊緣系統的扣帶迴、海馬迴等重要結構有關,這些結構的關係位置如**圖** 3-2。

(一) 記憶的類型

不同的研究與分類標準,對記憶的內涵有不同的分類標準。透過行為和神經成像的研究證據,目前學者和研究者對記憶的分類多數採取「訊息處理論」的觀點,強調認知訊息的處理歷程。除了根據認知訊息的處理程序,將記憶區分為「知覺記憶」(perception memory)、「短期記憶」和「長期記憶」外。研究者也根據人類記憶形成的歷程,區分為幾種類型的記憶,較常被用來研究或討論的記憶類型是「雙歷程理論」中的「清晰記

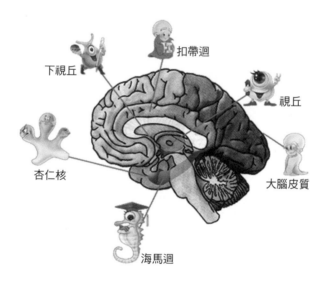

下視丘
扣帶迴
視丘
杏仁核
大腦皮質
海馬迴

圖 3-2　**和記憶形成有關的主要構造**

資料來源:腦的美麗境界,http://www.mhf.org.tw/wonderfulbrain/guide_a.htm

憶歷程」（recollection）和「熟悉歷程」（familiarity）所形成的記憶，以及「連結記憶」（associated memory）和「再認記憶」（recognition memory）（Anderson et al., 2008）。

◆知覺記憶、短期記憶和長期記憶

1. 知覺記憶

知覺記憶又稱為「感官記憶」，是感覺器官接受刺激後，最早形成的記憶，大約只有幾秒鐘的時間，訊息尚未參與腦部資料處理系統的運作。感官記憶是否能形成記憶的訊息並轉為短期記憶，受到個體專注程度和注意力表現的影響。

2. 短期記憶

當感官記憶被留意、保留，再經過大腦的訊息傳遞與處理系統轉變為有意義的概念時，就成為短期記憶的一部分，可作為短時間的提取和利用，並為達成預定的目標做準備。因此學者一般都稱之為「工作記憶」或「作業記憶」（working memory）。工作記憶是指大腦持續保存的一些線上（on line）訊息，以作為訊息處理或轉換等認知活動的基礎。這些訊息必須經過編碼才能成為一個事件，如果沒有適當且適時的成功編碼，當其他新訊息進入意識流後，這些原有的訊息就無法再被提取。因此工作記憶被稱為知覺記憶與長期記憶之間的通路。工作記憶的容量有限，通常只能暫存大約七個可供辨認的項目，如果沒有經過複誦，大約只能持續 20 ～ 30 秒的時間。

工作記憶的核心為中央執行系統，也就是注意力監控系統，負責選擇短期儲存策略並協調各種訊息處理機制。而中央執行功能處理訊息的速度與能量下降，是老化過程中最顯而易見的大腦功能變化。總結來說，與年齡相關的記憶衰退主要來自中央執行功能的退化，尤其是工作記憶或監控注意力系統下降，也是高齡者認知老化的主要特質。

3. 長期記憶

短期記憶如果能夠建立在舊有的經驗上，或者能與舊有的經驗相連結，就容易有記憶固化或重組的作用，在神經網絡上合成新蛋白質、修飾神經網絡的程式而形成長期記憶。長期記憶雖然可以終身不忘，但是記憶內容每天都會更新。長期記憶依功能可分為「陳述性記憶」和「程序性記憶」。其中，陳述性記憶又可以再分成「語意性記憶」（lexical memory）和「情節性記憶」（episodic memory）兩種，其中「情節性記憶」又稱「事件記憶」（event memory）。語意性記憶是掌管一般知識的儲存，資訊是以文字的方式記憶，如地址、電話號碼、檢查卡程序等。其形成歷程與海馬迴（與記憶空間有關）、顳葉內側組織和前額葉皮質有關，包括記憶固化、記憶重組等。當顳葉內側部位，特別是海馬迴的雙側性損害，就可能造成半永久性的「陳述性遺忘症」，也是高齡者較常發生的記憶衰退症狀。

至於「程序性記憶」又稱為「非陳述性記憶」，學習內容一旦習慣成自然後，較少變動或遺忘。程序性記憶內容包括技能記憶、情感和制約反射性記憶，例如熟練的開車記憶、彈琴等動作記憶。其相關運作區域為小腦、大腦皮質等。至於記憶的提取則是依照階層和順序來提取的，例如個體對於事件的記憶性描述都是依照不同階層、不同順序的訊息提取結果。

因此，個體學習和認知的主要歷程可歸納如**圖 3-3**。

◆ 清晰記憶歷程和熟悉歷程

根據認知的「雙歷程理論」，「清晰記憶歷程」所形成的記憶是個體可以清楚回憶的內容，包括對回憶過去的事件以及發生的時間等；「熟悉歷程」所形成的記憶則是指個體對某一件事有概念、似曾相似的感覺，但是沒有清晰的回憶內容。Anderson 和研究夥伴比較高齡者和年輕受試者在「清晰記憶歷程」和「熟悉歷程」兩種歷程上的差異性。研究結果發現，高齡者在「清晰記憶歷程」的表現和年輕人有明顯的差異，高齡者和患有輕度智能損傷（Mild Cognitive Impairment, MCI）的人，在「清晰記

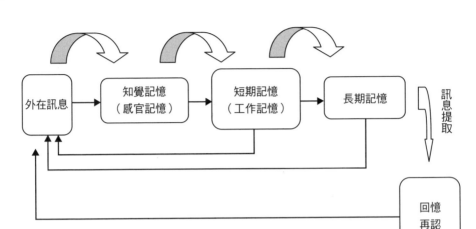

圖 3-3　個體認知的主要歷程

憶歷程」上的表現都明顯不足；至於高齡者在「熟悉歷程」的表現則和年輕受試者沒有太大的差異。Anderson 指出,「清晰記憶歷程」是大腦額葉皮質的一種策略性過程,也是中央執行功能的策略技巧,因此和年齡的相關性很高。「清晰記憶歷程」的運作可以協助人類根據情境脈絡,從「海馬迴」提取相關的記憶內容。研究時患有輕度智能損傷（MCI）者,由於大腦額葉皮質開始萎縮,因此無法根據研究者所提供的脈絡,提取相關的記憶。

　　高齡者經由「清晰記憶歷程」和「熟悉歷程」所形成的記憶內容也是目前認知老化的研究重點之一。

　　國內中央大學認知神經科學研究所,是國內少見以「神經認知科學」研究人類語詞記憶的研究系所之一,黃碩傑（2009）的研究是透過受試者的行為和事件相關的大腦電位研究,來瞭解語意透明度所引發的再認記憶鏡像效應。該研究表示,相較於語意透明（semantic transparent）的中文雙字詞,語意不透明（semantic opaque）的中文雙字詞有較高的正確再認率,以及較低的錯誤再認比率。這些研究數據顯示,在提取不透明詞

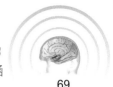
的過程中,雙歷程理論中的「清晰記憶歷程」占了較多比例;提取透明詞時,則以「熟悉歷程」為主。

所謂「語意透明」的中文雙字詞是指中文雙字詞中每一個「組成詞素」的意義與整個詞意的相關程度較高,或稱為「組合詞」,這類語詞稱為「透明語詞」(semantic transparent words);而所謂的「語意不透明」的中文雙字詞則是指組成詞素的意義與整個詞意的相關程度較低,這類語詞即稱為「不透明語詞」(semantic opaque words),例如,「成語」或「慣用語」,就是一種「不透明語詞」。

該研究也表示,「不透明語詞」因全詞意義與部分意義不相關,全語詞的表徵不容易受到部分表徵的干擾;而「透明語詞」則因部分意義與全語詞意義有高度相關,全語詞的表徵可經由相關的部分意義組合而成,因此容易受到非目標或非相關的刺激所干擾。由於「不透明語詞」不容易受到部分表徵干擾的特性,比透明語詞更具有區別性(distinctiveness),因而產生較佳的記憶效果。

至於個體在提取「透明語詞」時,容易受到非目標或非相關刺激所干擾的現象,是否有年齡上的差異?高齡者和年輕人在提取「透明語詞」時,是否有不同的表現?目前並沒有足夠的研究證據。但是,根據「額葉老化假設」的概念,年長的受試者比年輕受試者更容易受到外在聲音或影像的干擾,導致專注度不足。因此在高齡教育的規劃上,必須留意各種語詞的表達和溝通時的用字遣詞。

◆連結記憶與再認記憶

1. 連結記憶

「連結記憶」是指個體在提取訊息時,必須將相關的訊息連結在一起,才能喚起回憶,或有適當的「再認回憶」(recognition memory)。多數的研究都表示高齡者的連結記憶和年輕受試者有明顯的差異,高齡者的連結記憶不如年輕受試者(Gunstad et al., 2006; Cohn et al., 2008),Cohn

和研究夥伴認為，除了高齡者大腦額葉逐漸萎縮外，主要是因為高齡者的「清晰記憶歷程」功能減退，無法將相關的訊息連結在一起。

　　至於高齡者在連結記憶的退化情形，研究者通常透過「愛荷華賭局作業」（Iowa Gambling Task, IGT）作為研究工具（Isellaa et al., 2008; Zamarian et al., 2008）。Isellaa 等人的研究發現，年長受試者在注意力的維持上，的確不如年輕組別；Zamarian 和同事們的研究則是以「愛荷華賭局作業」和「連結性的賭局作業」（Probability-Associated Gambling Task, PAG Task）為工具，該研究發現，高齡者在「連結性的賭局作業」上和年輕人沒有明顯差異，但是在「愛荷華賭局作業」上的表現就遠不年輕人了。Zamarian 認為，「連結記憶」是大腦中央執行功能的主要任務之一，只要提供適當且完整的訊息作為選擇或回饋，高齡者可以有效的資訊進行決策；但是，因為高齡者前額葉皮質功能不足，無法排除環境脈絡中「不相關」或「非目標」的資訊，導致高齡者各種決策能力的下降。Zamarian 因此建議：「很明顯的，高齡者在進行訊息連結、執行決策功能時，除了提供必要的資訊供高齡者選擇，協助高齡者進行決策，也必須留意『不相關』或『非目標』資訊的排除。」值得高齡教育相關工作人員的重視。

　　此外，為了協助高齡者提升連結記憶，Ally 等人（2008）和 Cherry 等人（2008）的研究都表示，高齡者在進行資訊連結時，對圖片的依賴度比年輕人更高，也就是說，圖片的相關資訊可以協助高齡者進行訊息的連結，高齡者對圖片相關訊息的提取比率也比年輕受試者高，這種圖片的記憶效果稱為「圖片優勢效應」（picture superiority effect）。Forster 等人（2010）也認為，根據「額葉老化假設」的概念，大腦額葉的認知功能是一種「目標導向」的執行策略，圖片資訊可提供高齡者有效的訊息，有利於資訊的連結，因此可以彌補高齡者因為額葉和顳葉退化所造成的認知功能退化。

2. 再認記憶

再認記憶是一種資訊的提取過程，在記憶訊息的提取上，高齡者和年輕人被激活的皮質區並不相同。當個體面對較高的認知工作量，或提取的訊息量較多，高齡者的額葉皮質區會被激活，這表示高齡者會徵召額葉皮質來協助其他區域完成認知功能。而且高齡的額葉皮質多數在訊息提取過程的「後半段」才有被激活的情形（Velanova et al., 2007）。Velanova等人認為這是高齡者認知策略的「轉換」（shift），因為高齡者在提取訊息時缺乏「整合性」（top-down）的注意力規劃機制，這是前額葉皮質的補償性（compensation）功能。

細胞也有記憶？

所謂細胞記憶（cellular memory）是指細胞以電磁波來傳送訊息，人類的記憶可以儲存在每一細胞裡，每個細胞就變成了整個身體的全息圖像（hologram）。傷痛痕跡的記憶，就像唱片上的溝紋，這些痕跡都會儲存在「細胞記憶」內。它以非常精確的聲音記錄、嗅覺記錄、器官感覺加以記錄，一旦植入之後，只要面臨一個類似的經驗，就會輕易的激發這些訊息，再次演出「原來的狀況」。

（二）個體認知記憶形成的不同階段

根據圖 3-3，我們可將「認知」界定為「資訊的獲得、編碼、固化和提取的完整過程」，其中，資訊的編碼和固化就形成我們所說的「記憶」。影像學、病理學的研究顯示，老化所造成的大腦組織體積消減或神經元喪失主要發生在大腦的額葉，尤其是在前額葉皮質以及視丘、基底核等與額葉關係密切的大腦下皮質構造。而中央執行功能處理訊息的速度與能量下降，是老化過程中最顯而易見的大腦功能變化。總結來說，與年齡

相關的記憶衰退主要來自中央執行功能的退化，尤其是工作記憶或監控的注意力系統，這些能力都與大腦額葉的功能關係密切。

　　大腦老化會對記憶造成不利的影響，主要包括下面四個階段，至於各階段的影響因素如**圖** 3-4。

◆知覺記憶形成階段

　　在知覺記憶形成階段，影響知覺記憶認知功能的因素主要為高齡者感官敏銳度降低，以及專注力變差。隨著年齡的增加，高齡者的視、聽、觸、嗅覺都會明顯退化，因此感官對刺激訊息的接受力變差是不爭的事實。另一方面，高齡者在退休後，逐漸養成的鬆散生活常規和生活態度，會讓高齡者漸漸習慣對外界刺激訊息「視而不見」或「充耳不聞」，例如開著電視卻睡著了，越來越不在乎生活中的不滿情境等，都會降低高齡者對外界刺激訊息的專注力。此外，晚近許多「神經認知科學」研究發現，隨著年齡的增加，高齡者的額葉對認知學習有明顯的認知補償功能。在情緒調適上則有所謂的情緒調適的正向效應，也間接造成高齡者專注力的下降。

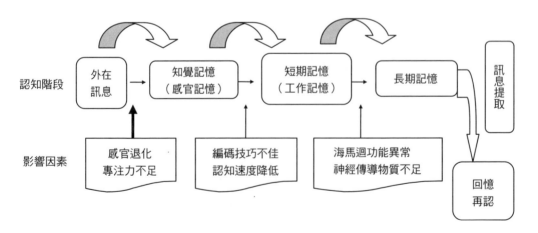

圖 3-4　**影響個體記憶形成的神經認知因素**

事實上，Shallice 在 1982 年的研究就發現，額葉在認知管理上的功能不足包括：認知計劃能力不足、認知彈性（cognitive flexibility）不足、認知抑制（cognitive inhibiting）功能不足，以及大腦自我監控能力（self-monitoring）的缺乏等，這就是「額葉老化的假設」的重要內涵（Forster, Kochhann, Chaves & Roriz-Cruz, 2010）。

◆短期記憶形成階段

高齡者對於刺激訊息的編碼技巧通常不如年輕世代，此外，高齡者的認知處理速度也會減慢，特別是對於有關「速度」的學習都有相當的困難，因此高齡者的工作記憶（或稱為作業記憶）認知效能會明顯的降低。由於工作記憶的運作核心是中央執行系統，也就是個體的注意力監控系統，負責選擇短期儲存策略並協調各種訊息處理機制。因此，一旦個體的專注力減低，工作記憶的運作效能就會跟著減低。

◆長期記憶形成階段

個體的短期記憶主要是透過「海馬迴」的轉譯功能，轉化為長期記憶（如圖 2-14）。由於海馬迴屬於大腦「邊緣系統」，因此個體的短期記憶是否能順利地轉譯為長期記憶，個體的情緒是非常重要的影響因素。此外，短期記憶轉化為長期記憶的過程就像數位影音的轉錄過程，需要有充足的轉錄時間和安靜的轉錄環境，因此個體的睡眠時間與品質，個體的身心狀態，都會影響轉錄的功能，使得認知功能無法充分發揮。此外，大腦神經傳導物質不足也會影響轉錄功能，例如「乙醯膽鹼」（Ach）是腦神經細胞之間的重要神經傳導物質，主要在海馬迴地區發生作用，因此乙醯膽鹼分泌不足也會減低刺激訊息的傳遞功能，影響轉錄效果。

◆訊息提取階段

在回憶或提取訊息時，年齡對記憶提取能力（自由回想，如簡答

題）的影響大於對再認（如選擇題）的影響。對不同記憶內涵而言，對事件記憶（情節性記憶，如個人生活經驗）的影響大於對語意性記憶（一般知識的記憶）的影響。隨著年紀增加，不僅個體在情節式的記憶方面明顯降低，高齡者的預期記憶（prospective memory）也會逐年降低（Forster, Kochhann, Chaves & Roriz-Cruz, 2010）。預期記憶是指記得在未來的某個時間點去完成某件預定的事的記憶，例如把車子送到修車廠去修理，必須記得在兩個星期以後取回車子。根據研究，高齡者在預期記憶上的確不如年輕人，因此養成「日常記事」的習慣，對高齡者而言更具意義。不僅可以彌補自己在預期記憶上的缺失，更可以避免因為生活上的小遺忘造成心理壓力，例如認為自己有認知損傷的問題，形成心因性的神經心理壓力，產生過多的大腦皮質醇（cortisol），因而降低認知功能。

大腦訊息處理是一種全像式記憶？片段式記憶？

　　對於大腦記憶所產生的模型，史丹福大學的腦神經學家Karl Pribram採取了「全像式」的觀點。Pribram相信，人類的記憶不只記憶在神經細胞內，或某一群細胞內，而是形成一種「脈衝的型態」跨越整個腦部，就像雷射繞射的圖案遍布在整個全像攝影的底片上。Pribram相信人類的頭腦本身就是一個全像攝影機，人類的思考過程中最驚人的特徵是，每一件資料都似乎與其他所有資料相互連接，這也是全像攝影幻象的一種基本特性。例如，當我們看到「流浪狗」的字眼或聲音，腦中會自然喚起和流浪狗相關的圖片，相關的「人道主義者」、「為狗結紮」等等資料，也會一一進入我們的記憶庫。這就是全像攝影幻象的基本特性（摘自http://tw.myblog. yahoo.com/jw!x_p1GXmTAAUlkEWOu3gS.rs/article?mid=1569）。

全像式記憶的訊息整合機制？

大腦的訊息記憶是一種「全像式記憶」的觀點認為，大腦的訊息統合可分為三個層次，由下而上依序整合，以創造統合的感覺經驗，因此可以將不同類別的訊息加以統整（如圖示）。依序階層向下傳遞時，則透過原有記憶的回饋機制，形成預測或期待行為。大腦的記憶也是依照階層來提取的。因此大腦對外在世界能有整體的感覺，而不是對個別事物的單一感覺。

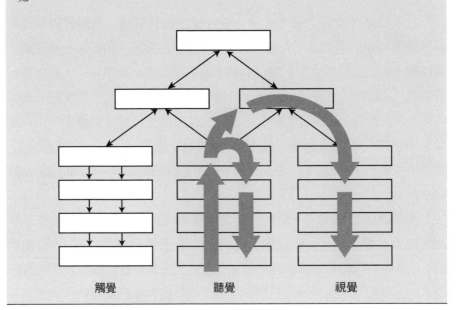

觸覺　　　　　　聽覺　　　　　　視覺

五、認知記憶的遺忘與認知損傷的差異

要維護良好的記憶，必須有很多的條件和努力，包括健康的身體、維持正常的血壓、獲得適量的氧氣和醣類，更重要的是「大腦神經傳導物質」必須保持適當的量。經過許多科學家和研究者不斷地努力，目前發現比較重要的「大腦神經傳導物質」包括：乙醯膽鹼、多巴胺以及血清

素。其中,「乙醯膽鹼」是影響阿茲海默症的主要傳導物質;「多巴胺」是影響巴金森症的主要傳導物質;至於「血清素」則被認為是影響憂鬱症(depression)的主要神經物質。

以下針對幾個常見的記憶功能進行比較與說明。

(一)「正常的遺忘」與「不正常的遺忘」

許多長輩一提到「遺忘」就會不自覺地感到緊張,甚至覺得自己可能罹患失智症。事實上,大腦的認知功能中,「遺忘」和記憶一樣正常,正如莎士比亞在《馬克白》(*Macbeth*)劇中曾經將記憶稱為「人類大腦的守衛者」,卻在《奧賽羅》(*Othello*)劇中說道:「遺忘是人類所擁有最好的特質。」大腦的認知功能除了記憶,也會產生某種程度的遺忘。因此認知科學家將人類的遺忘區分為:「正常的遺忘情形」(normal forgetting)和「不正常的遺忘情形」(abnormal forgetting)(http://www.health.harvard.edu/)。

不同的認知記憶由不同的大腦區域來處理,同樣的,遺忘也是不同記憶類型的喪失。「長期記憶」是對過去所學習記憶的保存,「短期記憶」則是保存現階段學習事務的認知記憶,因此長期記憶保存期限較長,遺忘的比例較低;相對的,短期記憶則是暫時保存,因此有較多的遺忘。例如,當我們將朋友的電話號碼寫下來以後,會很自然的遺忘這一連串數字,因為如果沒有適時的遺忘一些認知訊息,我們的大腦會很快的被各種凌亂、繁雜的事物給塞爆了。這種遺忘是人類為了適應生活環境,自我保護所發展出來的認知遺忘機制,是有幫助的,也是一種「正常的遺忘情形」。

至於「長期記憶」類型的遺忘則完全不同,「長期記憶」類型的遺忘是指我們原有的長期記憶資料庫裡的資料因為某種原因流失掉了,對個體的生活適應會產生一些困難或困擾。長期記憶可分為三種類型:情

節性、語意性和程序性記憶等。

1. 情節性記憶：又稱為「事件記憶」，例如記得最後一次騎腳車的情形，情節性記憶的遺忘是正常情形，也經常發生，不必過分擔心。
2. 語意性記憶：是指對事實或原則的記憶，例如記得腳踏車的樣子和腳踏車的意義等。
3. 程序性記憶：例如記得如何騎腳踏車。

「語意性」和「程序性」記憶屬於根深蒂固的認知記憶，通常不會遺失。因此，如果是「語意性」或「程序性」記憶的遺忘就是一種不正常的遺忘，都是認知老化可能產生的現象，必須格外留意（http://www.health.harvard.edu/）。

隨著年齡的增長，每個人都會抱怨自己很容易遺忘他應該記得的事務，但是卻難以避免，特別是對於「事件記憶」的遺忘是最讓高齡者困惑。例如，忘了對方的姓名、忘了自己把車子停在大賣場的幾樓、忘了家裡的鑰匙放在哪裡等等，其中忘了他人的名字是最讓人尷尬，也是讓高齡者對社交場合逐漸卻步的原因之一（Petersen, 2000; www.health.harvard.edu）。儘管這些生活上的小失誤並不會造成高齡者生活上的不安全或不方便，但是當認知記憶下降造成的小失誤越來越多，就會讓高齡者害怕自己會失去更多的記憶能力，擔心自己將會有更嚴重的心智損傷，甚至還疑自己是否患了「失智症」，這種恐懼對多數的高齡者都會造成另一種心理壓力。

高齡病人通常會抱怨自己的記憶變差，甚至懷疑自己可能患有失智症，因此變得憂鬱或沮喪。但是，根據哈佛醫學院的研究資料表示，會向醫生抱怨自己記憶變差的病人，通常不可能罹患失智症，只是個體比較敏感，這表示個體對自己在老化過程中，所產生的認知功能改變有相當的敏感度，因此會更留意自己的身體健康，以保持最佳狀態的大腦認知功能。相反的，患有輕度智能損傷（MCI）的人，反而不容易察覺自己在認知記

憶的遺忘情形，也不會向他人抱怨自己的記憶力變差，也因此加速智能退化的情形（Petersen, 2000）。

（二）輕度智能損傷與失智症

醫學上認知功能的檢測通常是透過「簡易智能狀態測驗」（Mini-Mental State Examination, MMSE）來瞭解個體的心智狀況。真正的記憶損傷可以分為幾個不同的類型，其中「輕度智能損傷」，過去稱為「良性衰老的遺忘」或「老年性良性健忘」（Benign Senescent Forgetfulness, BSF），就是一種不正常的遺忘情形。有些輕度智能損傷者在記憶的保存和判斷力上都可能維持得相當好，有些則可能漸漸發展為完全的失智症，整體而言，患有輕度智能損傷者，發展為失智症的機會是一般人的 3 倍以上。

一般所稱的「輕度智能損傷」（MCI）是指個體認知功能的損傷程度介於正常老化和失智症之間者。「輕度智能損傷」的相關研究不僅可以瞭解健康老人在認知老化過程的軌跡，也可以藉此瞭解不同認知損傷程度的個體在大腦不同區域的損傷情形，以及個體在認知行為表現上的特質，因此，目前有關「輕度智能損傷」的相關研究數量正快速增加中，也成為神經心理學和神經認知科學研究的主流。

根據美國衛生單位的統計，65 歲以下的高齡者，大約只有 7% 的人可能有認知上的損傷，但是，到了 85 歲，大約有 16 ～ 35% 的高齡者可能有認知功能的損傷，而且至少有一半的個案是因失智症而引起認知功能損傷。擔心自己記憶力下降是非常正常的，但是過去幾年來，許多的醫生和研究者都努力研究，減緩高齡者認知記憶能力的衰退情形。醫學研究者除了希望瞭解失智症的發生原因，也希望能分辨高齡者的「正常遺忘」和「記憶衰退」兩者之間有哪些不同，藉以瞭解高齡者認知功能老化的真正原因，以及認知功能老化的完整機制。

　　近年來發展成熟的大腦成像技術，讓研究者對大腦結構和功能更加深入的瞭解，以失智症者為對象的研究都表示，前額葉受損的失智症患者在面對正向和負向情緒刺激時，傾向對負向刺激給予回應，同時對負向刺激有過度的回應。因此，面對吵雜的環境刺激時，失智症者容易受影響，甚至被激怒（Carstensen & Mikels, 2005）。這種情形和一般高齡者所擁有的「正向效應」不同。多位學者都認為，這是因為失智症者的前額葉損傷，無法發揮「額葉老化的假設」所謂一般人所擁有的認知抑制功能。

您真的認識輕度智能損傷？

　　在正常的衰老與失智症之間存在許多「輕度智能損傷」的案例，因此高齡者面對自己的認知功能，務必要認識它、面對它、處理它。

（三）高齡者認知功能與認知處理速度的關係

　　過去許多年來，許多神經認知科學家都證明：個體的認知處理速度的確會隨著年齡增加而下降，真正影響高齡者認知功能下降的關鍵因素也只有少數幾個，其中，「認知處理速度」（processing speed）的降低是最重要的因素（Mitchell, 2007）。Mitchell 針對高齡者認知速度的各種理論進行次級資料的分析，該研究以南加州 Kaiser Permanente 資料庫的樣本為研究對象，透過「晚年生活狀態的認知評量」（Cognitive Assessment of Later Life Status, CALLS）量表施測，受試者為 211 位 65 ～ 89 歲的高齡者。除了讓受試者接受神經心理（neuropsychological）的認知測驗，並以電話監控受試者的認知過程，以瞭解影響受試者認知功能的主要因素。分析結果發現，「速度」對於神經心理的表現影響最大，但是透過迴歸分析，排除「速度」因素後，年齡和選擇反應時間之間有顯著的負相關。此外，年齡和「非上下文式的」「non-contextual」

動詞記憶、動詞時態的轉化、知覺速度等都有顯著相關。Mitchell 的研究因此表示，單純的反應時間的確和個體的注意力（attention）、工作記憶有關，但是，速度和選擇性反應則和個體的語言訊息的「認知提取」能力有關。這項研究結果也支持目前各國正努力推動的「高齡閱讀」活動，這些研究和計畫者一致肯定，隨著年齡的增加，高齡者的認知功能的確有逐年下降的情形，但是相較於肢體動作、反應速度等認知功能，高齡者在語彙和語意兩方面的知識記憶和表達能力通常可以維持得很好，即使到了老老期，個體仍然可以有很好的語詞表達能力（Forster, Kochhann, Chaves & Roriz-Cruz, 2010）。因此，鼓勵高齡教育者努力提升中高齡者的語文表達能力，除了提升高齡者的認知能力，也可以有效維持高齡者的自信心和自我尊嚴。

自我評量

1. 何謂「認知」？主要包括哪些心智活動？
2. 從「訊息處理論」的觀點，通常把「記憶」區分為哪幾類？
3. 目前神經認知科學研究，通常將大腦認知功能分為三個區域，包括前段皮質區、中央皮質區和後段皮質區，這三個皮質區分別掌管哪些認知功能？哪一個皮質區域的功能和高齡者認知老化的相關性最高？
4. 許多長輩一提到「遺忘」就會不自覺地感到緊張，甚至覺得自己可能罹患失智症。事實上，「正常的遺忘」與「不正常的遺忘」並不相同，兩者有哪些差異？

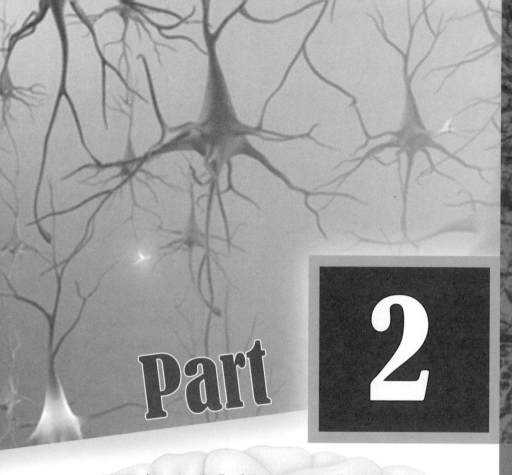

Part 2

認知科學研究的
多樣化面貌

Chapter 4

影響中高齡者認知功能運作的
主要因素

　　隨著學者的研究領域和對象的不同，對於影響高齡者認知功能的相
關因素也有不同的看法。例如，神經認知科學或生理學研究者，通常把
高齡者認知功能退化的原因區分為兩大類：第一類是個體大腦中所呈現
的「病變」（pathology）程度；第二類是個體對大腦內神經產生病變的一
種「反抗」（resistance）情形，又稱「認知儲備」（cognitive reserve）。其
中，因「認知儲備」原因所導致的認知功能下降，通常都是漸進式的，個
體的認知功能會逐年下降，可能因素包括基因的表現情形、攝取的營養、
社會性支持、教育、智能上的刺激、體能活動等，當然也包括外界環境
對大腦所造成的傷害（Farina & Baglio, 2010）。高齡教育工作者則多數從
「教育」的觀點出發，將認知功能的影響因素分為：生理因素、心理因素
和社會文化等，例如成就水準、職業成就、社會參與、個體心理活動等。

　　筆者綜合學者們對認知的不同觀點，將影響認知功能的因素分為下
列幾類：

1. 生理因素：包括大腦功能的自然老化、神經傳導物質的分泌量變
   少、大腦病變、個體的生活形態、教育訓練、體能運動、營養的
   攝取等。
2. 心理因素：包括情緒調適、個體心理活動、自我概念和自我覺知
   等。
3. 文化與社會因素：包括職業成就、社會參與、社會形象的影響
   等（彭駕騂，2008；黃富順，2004；Forster, Kochhann, Chaves
   & Roriz-Cruz, 2010; Lamdin & Fugate, 1997; Merriam, Caffarella &
   Baumgartner, 2007; Tornstam, 2005; Zillmer, Spiers & Culbertson,
   2008）。

一、生理因素

　　影響大腦認知功能運作的生理因素包括：大腦的自然老化、大腦皮質的縮小或變輕（如**圖** 4-1）、神經纖維的紊亂纏結與疾病衰老、因壓力或腦傷所造成的大腦神經細胞死亡等。目前有關老化的神經認知科學研究主要有四個構面：工作記憶、抑制性控制（inhibitory control）、認知處理速度、和長期記憶，其中「工作記憶」又稱為「短期記憶」或「作業記憶」，是最受重視的老化神經認知科學議題。

　　一般而言，大腦的生理結構就像電腦的硬體，隨著年紀的增加，大腦的生理結構會自然地衰退，接著出現功能衰退的事實。例如整個大腦會漸漸地萎縮，大腦的皮質也會變薄，因此重量會減輕；大腦白質[1]會逐漸減少；神經傳導物質如多巴胺、乙醯膽鹼、血清素、正腎上腺素、性荷爾蒙（sex hormone）等可能會被耗盡；神經突觸之間也可能會有類澱粉斑塊的產生等，都會對大腦的神經認知功能造成影響。

（一）影響高齡認知功能的重要

◆多巴胺

　　多巴胺（DA）是由人體大腦內的中腦黑質所產生的，「多巴胺」的主要功能和個體對未來行為的預測能力有關。因此，一旦中腦黑質多巴胺細胞退化，「多巴胺」的分泌量不足，個體就無法對下一秒所要發生的事情有適當的回應（楊玉齡譯，2010），因而影響個體的認知功能。例如，

---

[1] 大腦白質由大量的髓磷脂（脂質）所組成，在裸視觀察下呈現白色。白質是由被髓鞘包覆著的神經軸突組成，控制著神經元共享的訊號，協調腦區之間的正常運作。人類到了約20歲時，白質才會在不同腦區逐漸發育完全，而其生長的時機與成熟程度，會影響到學習、自我控制與精神疾病，例如精神分裂、自閉症等都是因為白質未發育完全（維基百科）。

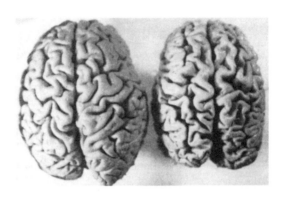

圖 4-1　85 歲年長者大腦自然老化的情形

資料來源：Zillmer, Spiers & Culbertson (2008).

「巴金森症」就是個體無法根據自己對外界的預期刺激有適當的回應，因此個體無法順利的讓自己的末梢神經停止下來（楊玉齡譯，2010）。

　　至於經常發生在學童或青少年身上的「妥瑞氏症候群」，目前已證實是一種神經生理學的疾病，是一種多巴胺的高度反應現象。由於多巴胺的高度反應，多數患者都會表現一種「對即將出現症狀的前奏型動作或反應」，是一種類似抽筋的動作，醫學界稱為「tics」。患者所出現的「tics」，可能是動作型、聲語型或心理型，都是個體提早覺察或偵測到即將發生的症狀，因此對即將發生症狀產生前奏型反應。這些「tics」經常被視為怪異的行為，因此影響個體的人際互動或學習。

何謂「妥瑞氏症候群」？

　　妥瑞氏症候群的發生也和多巴胺有關，妥瑞氏症候群也是一種神經生理學疾病，是多巴胺的高度反應。由於多巴胺的高度反應，患者出現「對即將出現症狀的前奏型動作或反應」，例如提早覺察到眼皮酸而眨眼皮、覺察到肩膀或脖子酸而搖頭等。

◆乙醯膽鹼

乙醯膽鹼（Ach）是大腦神經細胞的主要傳導物質，主要在海馬迴地區發生作用，足夠的乙醯膽鹼才能增加神經傳遞訊息的功能。目前研究普遍認為，失智症或阿茲海默症發生的原因，是因為患者的大腦中製造乙醯膽鹼的細胞受損，導致乙醯膽鹼分泌不足。失智症者的治療藥物則多數是一種「乙醯膽鹼酯酶抑制劑」，目的在抑制「乙醯膽鹼酯酶」的作用，提高乙醯膽鹼的神經訊息傳導功能（王培寧、劉秀枝，2010）。

乙醯膽鹼對高齡者有什麼影響？

80歲以上高齡者的神經傳導物質分泌量會減少70％以上，目前研究認為，這可能是腦部老化的因素之一。同時，隨著年齡的增長，人體製造的乙醯膽鹼可能減量，或者效率變差，目前認為是老人健忘的主要因素。

健腦、補腦，該吃什麼？

一般而言，膽鹼的豐富食物來源包括了蛋、黃豆、包心菜、花生和花菜中。但是光只是增加膽鹼的攝取還不夠，人體利用膽鹼時還必須仰賴數種營養素的輔助，才能發揮最大的功效，其中主要的是維他命B_{12}、葉酸和氨基酸。

◆血清素

和人類情緒有關的「神經傳導物質」，主要包括血清素、正腎上腺素和腦內嗎啡。其中血清素（5-HT）負責大腦傳遞情緒、情感訊息的功能，英國的一項新研究證實，它與人的情緒與壓力調節有著密不可分的關係（大世紀新聞網，2012）。當血清素分泌量充足時，腦部活動就會活

化，自律神經也會處在平衡狀態，是安定情緒的重要關鍵。可提升專注力、記憶力與發想力，進而帶來良好的工作表現。因此，血清素又被稱為「大腦的幸福分子」。血清素分泌不足或功能不良時，會出現不同程度的心理問題，包括退縮、恐懼、悲觀、記憶衰退、失眠甚至心悸等現象；也因此血清素在憂鬱症的治療上扮演重要的角色。

◆正腎上腺素

一般人對「腎上腺素」（AD）有較多的認識，對「正腎上腺素」（NE）的瞭解相對較少。腎上腺素是腎上腺髓質所分泌的激素，腎上腺素可以使心肌收縮、心臟出血量增多、並使肝臟釋放糖分進入血液，以協助個體應付壓力或緊急情境。至於「正腎上腺素」的作用主要在刺激 α 受體，具有很強的血管收縮作用，但是在加速心臟和抑制平滑肌的作用上，都比腎上腺素的功能弱些。臨床上主要被用在靜脈滴注，協助各種休克病患提升血壓，以確保對人體重要器官的血液供應，其中，對「腦」的血液供應和認知的影響最大。

適度壓力？長期壓力？

適度的壓力會促使腎上腺分泌醣皮質醇（glucocorticoid），幫助應付外來的壓力，可以幫助學習和記憶。但是當壓力過大或長時間在壓力下生活，體內將有過多的醣皮質醇，造成免疫系統的失調。2001年英國布里斯托大學一名教授在*Nature Neuroscience*所發表的一份報告表示，他針對20位平均年齡25歲的空中小姐進行認知測驗，並瞭解其大腦形態上的改變。結果顯示，有五年以上飛行經驗者，常從事七小時以上跨洋飛行者，短暫記憶及抽象認知能力相對地較差。特別是往返密切且沒有時間調節時差的人，顳葉有明顯的萎縮情形，這項研究證明顳葉的萎縮與睡眠時間有關（摘自林天送，2003：258）。

◆性荷爾蒙（性激素）

無論男女，性荷爾蒙在身心功能平衡上都扮演重要的角色。人體內某些分泌系統會因為老化而產生顯著的變化，例如：更年期的女性，因為卵巢功能喪失，缺乏女性荷爾蒙產生身體的不適、骨質流失、皮膚老化、甚至影響到心情。同樣的，男性體內的男性荷爾蒙也會隨著年齡增加而降低。男性荷爾蒙又稱為雄性素或「睪固酮」（testosterone），不僅在男性身上，女性體內也有睪固酮，是女性荷爾蒙的前驅物，也就是說，女性荷爾蒙是男性荷爾蒙轉化來的。停經之前，女性體內睪固酮的濃度更是高於女性荷爾蒙，女性體內睪固酮主要的分泌來源是「卵巢」與「腎上腺」。

此外，人體內的 DHEA（dehydroepiandrosterone）（脫氫表雄甾酮）也會逐漸降低。DHEA 是一種腎上腺體所分泌的一種荷爾蒙，也是一種性激素荷爾蒙的前驅物，也是較弱的男性荷爾蒙，與人類的性慾、骨質、皮膚有關。不論男女，體內都會分泌 DHEA，通常 40 歲個體血中的 DHEA 只有 30 歲的 30%，而且會逐漸隨著年齡增加而明顯減少分泌量。

男女性荷爾蒙不僅影響男女的性慾、第二性徵等特質，對男女性的認知功能、情緒發展都有相當重要的影響。根據研究，男性體內的睪固酮濃度和認知功能有高度的相關，最近幾年的研究發現，有許多老年退化相關及代謝症候群等，可能都與血液中睪固酮濃度偏低有關，而且牽涉到的系統器官相當多。目前也逐漸有臨床研究開始嘗試使用睪固酮補充治療在新的領域（許晉福譯，2008）。早在 2003 年，就有研究者針對 58 ～ 72 歲之間中高齡者，且合併有男性荷爾蒙功能低下症狀的 7 名男性個案，接受為期三個月的睪固酮補充治療前後，再進行單光子放射電腦斷層掃描（Single Photon Emission Computed Tomography, SPECT）檢查，以及問卷調查（Androgen Deficiency in Aging Men, ADAM），結果發現在第三週到第五週時，睪固酮補充治療已明顯增加受試者中腦及前額葉的血液量；在第十二週到第十四週時，除了中腦、前額葉兩個區域之外，海馬迴區域的血液量也會增加。其中，「前額葉」和「海馬迴」兩個區域，都和人類複

雜的心智功能有高度相關，因此目前認知老化相關研究者，普遍肯定男性荷爾蒙和高齡者認知功能退化的影響程度。

此外，也有研究顯示，女性得憂鬱症的比例是男性的 2 倍。但是，男性的自殺率卻比女性高出了 3 ～ 15 倍。精神醫學的研究多數支持女性在青春期及更年期階段容易罹患憂鬱症，原因可能與女性荷爾蒙分泌失衡有關。至於男性的男性荷爾蒙分泌高峰期則在 30 歲以前，之後每年會以 1 ～ 2% 的速率下降；40 歲以後，除了性慾和性功能衰退外，很容易出現疲勞、注意力不易集中而影響工作表現（http://hospital.kingnet.com.tw/essay/essay.html?pid=25407）。

對一般憂鬱症的病人而言，使用睪固酮補充治療也能有效增強抗憂鬱藥物的效果，因此也有許多人主張睪固酮補充治療可以有效降低老年族群的憂鬱症發生率。由於人體內多數的睪固酮都和「性荷爾蒙結合球蛋白」（sex hormone-binding globulin）緊密結合在一起，只有大約 2 ～ 3% 的睪固酮沒有被黏住，稱為「游離睪固酮」（free testosterone）。這些「游離睪固酮」可以自由的穿透身體的細胞，影響人體的身體和心理表現，包括肌肉的力量、性器官的功能、智能功能等（許晉福譯，2008）。

澳洲伯斯西澳大學有一項研究，分析了 3,987 名 71 ～ 89 歲的男性，除了評估他們的憂鬱症狀與認知功能以外，也抽血檢查他們的總睪固酮和睪固酮的濃度。該研究表示，大約有 5% 的實驗參加者被診斷出憂鬱症，他們的總睪固酮和游離睪固酮的濃度比沒有憂鬱症的低很多。其中，游離睪固酮濃度低的 20% 的男性比濃度最高的 20%，發生憂鬱症的比例高出 3 倍（蘇碩偉、李奕德、許惠桓，2011）。

綜合上述的研究資料，當男性睪固酮濃度不足時，可能發生的症狀包括：

1. 性慾低落、勃起頻率減低及夜間勃起情形變少。
2. 沒有精神、心情憂鬱、疲憊、沮喪或易發怒。

3. 認知變差、記憶力減退。

4. 活動力減少、肌肉及體能退化。

5. 骨蒸勞熱、骨質密度減少、骨質退化及骨質疏鬆症。

6. 腹部及臟腑脂肪增加、吃飯後想睡覺。

7. 高血壓、高血脂及糖尿病等等風險增加。

目前多數研究都認為，提高睪固酮濃度對老年族群的記憶與認知功能都有幫助，也是目前許多認知老化研究者持續關注的主題。

（二）疾病或神經生理病變與認知功能

基因、病毒或有毒物質侵入、營養攝取、出生時受到傷害、個人生活經歷等，都可能影響大腦的認知功能，這些因素間的交互作用，更可能造成大腦的結構和功能上的改變，包括腦功能的退化、引起腦內生化作用、個人的心智功能的退化等（Wesnes et al., 2010）。大腦是一個充滿蛋白質、需要大量氧氣和能量的地方，因此當身體的新陳代謝功能產生障礙時，或多或少都會影響大腦的認知功能。其中影響較多、受到較多學者討論的包括：大腦神經傳導物質的不足、大腦類澱粉斑塊的產生、因為大腦血液量不足以及大腦血管病變所導致的代謝問題等。

目前對失智症的瞭解普遍採取「生命全程」的觀點（Karp et al., 2006；Williamson, Goldman & Marder, 2009），認為失智症的發生是個體生命全程中每一種危機的累積結果，例如幼年時期的文化刺激不足、長期的不良生活習慣、藥物濫用情形、大腦受到持續性創傷等，都會增加高齡時期罹患失智症的機率。Williamson、Goldman 和 Marder 在 2009 年的研究發現，造成或影響失智症的基因至少有二十個以上。

中風病人也流行「阻力運動」？

　　根據神經醫學的研究，受傷時，有一部分的腦細胞會立即死亡，接著鄰近細胞會進行一連串的「細胞自殺程序」，也有一部分細胞進入「半休眠」狀態。因此最新的復健計畫稱為「阻力運動」（resistance exercise），限制中風病人使用不靈活的手或腳，激發「壞」的神經細胞和「好」的神經細胞一起發射，可以重新建立神經之間的連線。因此，即使是中風或臥床的高齡者，也可以透過運動或學習，激活大腦神經細胞（摘自林天送，2003）。

（三）學習與大腦認知功能

　　記憶是以特定模式點燃數以千計的神經元所產生的，而每一個特定模式的引發次數越頻繁，連結就越敏感、越持久。大腦中的「海馬迴」是新記憶形成的關鍵區，具有挑戰性的心智或充分的運動，都會刺激腦部分泌一種腦部生長因子（brain growing factors）的化學物質，使得新生的腦細胞得到滋潤，成為腦神經元或負責提供腦細胞營養的「神經膠質」（glia），以增加海馬迴新細胞的形成，這種過程稱為「神經元新生」（neurogenesis）。學習不僅讓神經元以新的模式連結起來，也會刺激神經元長出新的「樹突」（dendrite）的小樹枝狀延伸，形成的連結，稱為「突觸」。也會大量的分泌一種名為「乙醯膽鹼」大腦化學元素，有利於訊息的傳遞（Zillmer, Spiers & Culberton, 2008；李淑珺譯，2007）。

　　已有許多研究都表示，大腦皮質中神經網絡的突觸前部和後部如果同時多次被活化，這個突觸的連結效率會增強，這種突觸更容易形成記憶痕。至於個別的神經迴路中，突觸接受的刺激越頻繁，活動越旺盛；一旦活動的持續時間夠久，該突觸的構造和功能都會跟著改變，並增強該迴路中每一個突觸之間的連結。例如，老年人的心智學習、充分的運動和積極的社會網絡關係，都有激活神經突觸、增加連結效率的作用（林金盾，2004；洪蘭譯，2008；黃富順，2004：Zillmer, Spiers & Culbertson, 2008）。

　　大腦結構中，「額葉」與「顳葉」和高齡者的認知功能表現的相關性最高。1971 年因為發明耳蝸移植（cochlear implant）而名聞世界的科學家莫山尼克博士（Michael Merzenich）是一位傑出的大腦神經科學家，他同時也是二十多個神經可塑性儀器發明和革新背後的推手。當時，加拿大蒙特婁神經學院（Montreal Neurological Institute）的神經外科醫生潘菲爾（Wilder Penfield）已經提出「大腦身體地圖」（如**圖** 4-2）的概念，潘菲爾的大腦身體地圖概念主張大腦皮質所管控的身體區域是固定的，以手、腳、嘴巴和生殖器的面積最廣，因此有人將潘菲爾的概念繪製成「體感小人」（Somatosensory homunculus）。莫山尼克博士對於潘菲爾所提出來的「大腦身體地圖」有不同的看法，莫山尼克博士發現人類的大腦身體地圖是可以改變的，而且在每一個人的不同時期都會有所不同。他表示，大腦的身體地圖是「動態的」。大腦在分配處理的資源時，所遵循的法則

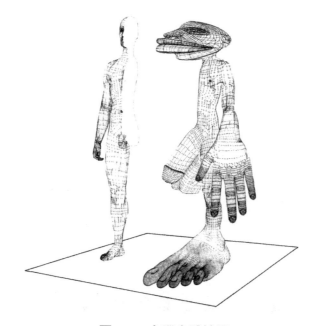

圖 4-2　**大腦身體地圖**

資料來源：洪蘭譯（2002）。

是「競爭」，當資源不足時，大家會搶著用資源，因此「用進廢退」是唯一的法則，且因此形成不同的大腦型態（brain morphology）（洪蘭譯，2008；Dunbar, 2007; Fiske & Taylor, 2008; Gangestad & Thornhill, 2007; Greenough, Black & Wallace, 2002）。

Greenough、Black 和 Wallace（2002）的研究也表示，靈長類的大腦型態和學習、行為有明顯的相關，經過多次認知性練習後，可以增加靈長類的前額葉及海馬迴皮質區的重量，加大的前額葉和海馬迴皮質區則可以增進個體的認知功能，影響個體的行為表現。但是，不同性別的動物加大區域有所差異，例如男性通常在視覺區域有明顯的加大情形，女性則通常發生在海馬迴皮質區。有關神經細胞老化的研究則表示，男性大腦的細胞比女性細胞死亡得早，數量也較多，較容易失去額葉和顳葉的神經細胞。因此，罹患相同程度的失智症者，年長男性患者容易有易怒或人格改變的情形；年長女性患者則容易失去海馬迴和頂葉的神經細胞，因此容易迷失方向或健忘。一般而言，年長女性罹患阿茲海默症的比例大約是男性的 1.5 倍（王培寧、劉秀枝，2010；洪蘭譯，2002；Zillmer, Spiers & Culbertson, 2008）。由此可以瞭解透過認知學習、刺激大腦前額葉和海馬迴皮質活化和加大，對高齡者維持心智功能的重要性，也可以有效防止女性高齡者罹患失智症或阿茲海默症。

針對目前全世界女性高齡者平均年齡較男性高齡者高出許多的事實，對相關認知老化的研究結果有相當大的啟示。針對未來可能產生的大量罹患失智症或阿茲海默症的「女性高齡者」，社會必須付出相當大的醫療成本，因此，從初老期甚至中年時期開始的女性學習社群，是社區醫療工作或教育工作者必須用心經營的新興領域。

在 2010 年出版的《老化的心理學》（*Psychology of Ageing*），書中蒐集各種有關中高齡者認知和記憶功能的相關研究報告，詳細的說明了個體認知和記憶的老化情形。其中 Verhaeghen 和 Salthouse（2010）針對中高齡者的四種認知功能的執行過程進行研究，包括：語意任務（lexical

task）、單一決策（simple decision）、空間任務（spatial task）和雙重任務
（dual task-set）等四個有關認知功能的執行能力。研究結果表示：「語意
任務」的認知功能完全不受年齡的影響；「單一決策」的認知處理會隨著
年齡的增加有些微的改變；「空間任務」的認知功能和年齡的增加相關性
最高，亦即隨著高齡的增加，中高齡者在認知空間上的執行能力會逐漸地
下降；至於「雙重任務」的認知處理則有較多的變化，當兩種任務的差異
性越高，認知績效和年齡的增加相關性越高，因此，越複雜化的任務對中
高齡者的挑戰越大。

　　Verhaeghen 和 Salthouse（2010）以結構方程模式（Structural Equation
Modeling, SEM）針對中高齡者的五種認知能力進行後設分析，包括推理
能力（reasoning ability）、空間能力（spatial ability）、速度能力（speed
ability）、情節記憶（episodic memory）、基礎工作記憶（primary-working
memory）。研究結果表示：該五種認知功能中，有關「速度」的認知處
理能力和年齡增加的相關性最高；推理能力、空間能力和情節記憶三種認
知處理效能也會隨著年齡的增加而降低。而且，當處理的訊息量增加時，
個體認知功能的表現會變差；至於基礎工作記憶則和年齡的增加無關。

　　上述的研究結果提供我們在中高齡課程規劃上許多寶貴的參考資
料，不僅讓我們對中高齡者認知功能的特質有更加深入的瞭解，也讓我們
更能掌握中高齡者的認知優勢和認知上的不足，可作為中高齡教育課程規
劃的重要參考。

失智症？老年失憶？

　　老年阿茲海默症患者通常能記得很久以前、模糊不清的事，但卻難以
想起近期的事情和談話，或者想不起簡單的名字。Doraiswamy 談到，如果
一個人因為忘記看車位編碼而無法在甘迺迪機場的六層停車場裡找到自己
的車，那可能只是普通的老年失憶。但如果他連開了多年的車子是什麼顏
色或車型都想不起來的話，問題可能就比較嚴重了。

（四）睡眠與認知功能

科學家根據不同類型的腦波活動將睡眠分為三類，每天晚上的睡眠都依照規律的週期進行著。包括：

◆清醒期

個體在清醒期的腦波頻率是每秒鐘 8 ～ 25 Hz，腦波的振幅最低。根據睡眠研究，個體如果在「快速動眼期」（Rapid Eye Movement, REM）時被喚醒，會很快清醒，不會鬧脾氣。但是，當個體處於「慢波睡眠期」（Slow Wave Sleep, SWS）時，比較不容易被喚醒，一旦被喚醒也容易賴床或發脾氣。因此，如何掌握學童的睡眠週期時間，讓每天清晨都有愉快的心情，可是爸媽的必修課程。

◆快速動眼期

因為「快速動眼期」是發生在個體從熟睡階段逐漸清醒的階段，因此「快速動眼期」又稱為「逆理睡眠期」（paradoxical sleep）。在快速動眼期，一個人的眼睛會快速的前後移，大部分的夢境發生於快速動眼期。嬰兒的睡眠時間裡，有 50% 的時間處於慢波睡眠期，50% 的時間則處於快速動眼期。至於成人，則大約有 20% 的睡眠時間處於快速動眼期，80% 的時間處於慢波睡眠期。

快速動眼期通常出現在睡眠的後半夜時間，主要和學習、記憶、工作有關，不管一天中經歷過多少好或壞的景物，都要納入個體的長期記憶中，因此快速動眼期和個體日常新事物的學習、白天情緒的統整等有關。

◆慢波睡眠期

慢波睡眠期通常在睡眠的前半夜較多，主要是因為一般人經過一整天的用腦，腦力消耗很大，對於腦細胞與腦組織都是壓力與傷害，生理時

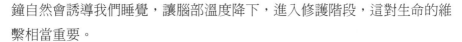

鐘自然會誘導我們睡覺，讓腦部溫度降下，進入修護階段，這對生命的維
繫相當重要。

　　一般而言，人類的慢波睡眠又可區分為四階段，透過腦波圖
（Electroencephalogram, EEG）的監測，四個階段所呈現的腦波頻率都不
完全相同。整體而言，人類睡眠不同階段的腦波頻率和腦波振幅大小如**表
4-1**。

　　當我們逐漸沉睡，會先進入睡眠的第一階段，在幾分鐘之後，腦波
圖的型態轉換至睡眠的第二階段、第三階段，然後轉入第四階段，就是所
謂的熟睡狀態。然後再倒推回來，回到第三階段、第二階段，然後進入快
速動眼期。如此周而復始，如**圖 4-3** 所示，在一次八小時的睡眠過程中，
人類腦部大約會經歷 4 ～ 5 次這樣的睡眠週期。

　　隨著年齡的增加，個體每日的睡眠時間會逐漸減少，其中快速動眼
睡眠時間占總睡眠時間的比例也會降低。例如，嬰兒時期每日總睡眠時間
大約十五小時，其中快速動眼睡眠時間大約占了 50%；至於高齡者每日
的時間大約為八小時，其中快速動眼睡眠時間，則通常少於 15%。

　　根據研究，人類大腦中樞神經的體溫可以代表腦部的活動量，從早
晨起床後，人類的大腦溫度會逐漸上升，午後趨於緩和，再繼續升高，黃

表 4-1　**人類睡眠各階段的腦波頻率和腦波振幅**

階段	腦波的頻率	腦波振幅大小
清醒	8-25 Hz	低
1	6-8 Hz	低
2	4-7 Hz 非經常性出現的「睡眠紡錘波」 非經常性的 K 複合波	中
3	1-3 Hz	高
4	少於 2 Hz	高
快速動眼期	多於 10 Hz	低

資料來源：小小神經科學，http://www.dls.ym.edu.tw/neuroscience/sleep_c.html

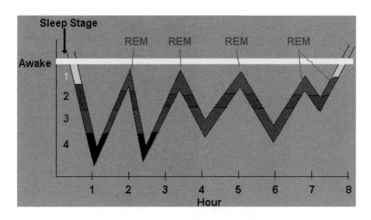

圖 4-3　人類睡眠的週期

資料來源：小小神經科學，http://www.dls.ym.edu.tw/neuroscience/sleep_c.html

昏時達最高點，然後在天黑入夜後的二、三個小時開始下降，凌晨時間會出現當天腦部溫度的最低點，這就是所謂的人體中樞體溫（http://www.art-2000.org/SLEEP_index.htm）。一旦個體進入慢波睡眠期，全身肌肉都呈現放鬆狀態，生理狀態也會隨著改變。睡眠時體溫會下降，大腦會順利釋放出多種生長激素；相反的，日常生活中為了應付緊急狀態所產生的「腎上腺皮質醇」等內分泌激素也會降低。一旦睡眠出現問題時，這些內分泌激素會產生改變，對身體帶來某些不同程度的影響。

　　缺乏充足的睡眠會讓人覺得疲倦、精神不濟，甚至引起精神分裂。最近幾年的神經認知科學研究更發現，人類的短期記憶主要是在「海馬迴」轉譯為長期記憶，海馬迴的運作功能是形成長期記憶的關鍵因素。海馬迴的功能主要受到幾個因素的影響，包括：個體的神經傳導物質分泌是否足夠、個體情緒狀態、短期記憶的轉譯時間是否足夠、是否受到外在刺激的干擾等等。例如，海馬迴的轉譯功能主要是在睡眠時間來進行，一旦個體無法擁有良好的睡眠，首先大腦中樞體溫會過高，造成各類生長激素的分泌不足，讓大腦持續處於「喋喋不休」的紛擾狀態，長期下來，除了

造成精神上的耗損外，也會影響認知記憶功能。

　　目前神經認知科學研究都表示，睡眠可以有效幫助人類長期記憶的形成和保存。華盛頓大學（University of Washington）在 2011 年進行一項科學研究，該研究團隊針對果蠅的長期記憶進行研究發現，即使經過相同時間的訓練，被剝奪睡眠時間的果蠅，無法形成長期記憶。因此該研究團隊表示，「充足的睡眠」是長期記憶固化（consolidation）的必要因素，因此，缺乏充分睡眠的果蠅，無法形成完整的長期記憶，無法有效學習。人類睡眠品質對長期記憶的影響和果蠅一樣，擁有充足、良好睡眠的人，才能形成長期記憶，因此，「睡眠」的質量對高齡者認知記憶的影響比年輕人更加明顯、更加重要（Zhang, 2012）。

　　華盛頓大學的研究團隊表示，睡眠可以促進認知記憶功能，已是不爭的事實；反之，缺乏充足的睡眠會傷害身體的健康，最終則可能導致大腦白質的重量快速減少。2010 年的《生物精神病學》（*Biological Psychiatry*）一項報告指出，研究者針對 37 名不同睡眠品質的受試者進行實驗，觀察受試的大腦重量，結果發現，睡眠不足的受試者，大腦有三個區域的白質重量明顯的減少，而且睡眠不足情形越嚴重者，大腦白質重量的減少情形越嚴重。研究者甚至認為，睡眠不足也可能是引起阿茲海默症大腦產生類澱粉斑塊的重要原因之一（Zhang, 2012）。因此，如何在日常生活中規劃適當的睡眠時間，對於個體的學習有很大的助益。例如，在我們閱讀、進行重要的學習或者經歷一段特別體驗活動之後，立即擁有一段良好品質的睡眠，都可以讓記憶固化，擁有完整、有效的記憶內容。

（五）教育與認知存款

　　根據神經科學家的研究，大腦前額葉是人類情緒和所有複雜思考訊息的整合區，65 歲以上的老年人，學習時候的活化區域和年輕時代的區域不同，年輕時候，認知性活動會讓顳葉大量活躍起來，65 歲以上的人

進行認知性學習時，除了顳葉皮質被激活外，也會大量的激活他們的額葉區域，而且教育越高，活化越厲害（洪蘭譯，2008）。因此，高齡者對於額葉區域的按摩和照顧顯得格外的重要。

目前的神經認知科學研究普遍認為，即使是失智症患者，都可以透過教育訓練，減緩認知功能退化的程度。因此 Ball 等人（2002）提出「認知訓練介入性服務」（cognitive training intervention）的概念，主張每一個人終其一生都應該持續的接受認知訓練，自然可以有效防止認知功能的退化情形。因為，為了面對生活挑戰、適應生活，個體的大腦擁有「認知儲備」的功能，個體越早做好準備，認知功能就越能完整保存。這就是 Kunda 和 Goel（2010）所提出來的「認知存款」（cognitive account）的概念。

Akbaraly、Portet 和 Fustinoni（2009）等人在 2009 年 9 月的《美國神經學期刊》（*Neurology*）所發表一篇探討休閒活動和失智症的論文也支持「認知存款」的觀點。該研究以法國的 Dijon 和 Montpellier 兩個城市中 5,698 位 65 歲以上的高齡者為研究對象，主要在瞭解高齡者參與被動式休閒和體能運動，以及參與啟發式休閒或社交活動的情形。「被動式休閒」活動包括：看電視、聽收音機或音樂；「啟發式休閒」活動則包括：參加社群或團體活動、參加慈善活動、玩填字遊戲或紙牌（或麻將）、閱讀寫作、看電影或藝術活動。該研究總計進行四年，研究結果表示：一星期至少從事 2 次以上啟發性休閒活動的高齡者，四年後得到失智症或阿茲海默症的機會減少了一半。啟發性休閒活動的確可以增加大腦的「認知存款」，因此可以有效地預防失智症和阿茲海默症。

2007 年 10 月德國學者 Pemeczky、Drzezga 和 Deihl-Schmid 在《美國神經學期刊》所發表的論文也表示，女性高齡者的認知存款可能比男性高齡者少，例如，同樣是輕度的阿茲海默症，男性在右腦額葉、顳葉及海馬迴的葡萄糖活性比女性患者低。這表示，同樣程度的「類澱粉斑塊」或大腦損傷，男性高齡者所呈現的失智情形通常比女性輕，他們認為這是因為

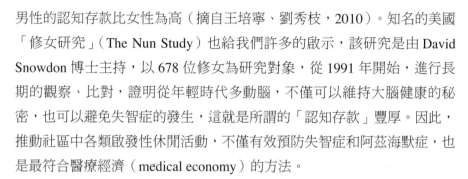

男性的認知存款比女性為高（摘自王培寧、劉秀枝，2010）。知名的美國「修女研究」（The Nun Study）也給我們許多的啟示，該研究是由 David Snowdon 博士主持，以 678 位修女為研究對象，從 1991 年開始，進行長期的觀察、比對，證明從年輕時代多動腦，不僅可以維持大腦健康的秘密，也可以避免失智症的發生，這就是所謂的「認知存款」豐厚。因此，推動社區中各類啟發性休閒活動，不僅有效預防失智症和阿茲海默症，也是最符合醫療經濟（medical economy）的方法。

Kunda 和 Goel（2010）也透過自閉症的成因，說明認知存款的概念，認為造成自閉的原因目前仍然不明確，但是主要成因包括基因和環境兩個因素。某些基因和環境因素會造成大腦發展的改變，繼而造成大腦功能的改變，以及認知功能的改變，因而產生特殊的自閉症行為。自閉症患者因為無法和環境互動，缺乏學習的管道，因此產生人際溝通技巧不足、刻板化行為或重複的行為或興趣，是一種「認知存款」不足。如果基因和環境影響形成惡性循環，自閉症者的行為就會更加退縮。根據 Farina 和 Baglio（2010）的研究和觀察，儘管過去多年來，研究者都肯定認知訓練介入性服務的確可以促進個體的認知功能，可以有效減緩一般高齡者的認知功能退化程度。但是，如何改進這些認知訓練介入性服務的內容，讓這些介入性服務成為「互動」式的服務，並具有良好的規劃模式，是我們未來需要努力的方向，也是筆者撰寫本書的最終旨趣。

二、心理因素

生物自然老化是生物物種的一項事實，但是生理老化對高齡者心理和認知功能的影響因人而異，因為高齡者的生理和心理健康發展往往是相應相生的。同樣的生理年齡並不一定呈現相同的生理老化情形，除了個體因為疾病或基因遺傳所引起的生理功能退化之外，真正決定個體生理老化

程度的因素是「個體的心理運作機制」情形。

近二十年來，醫學界對導致人類「衰老」或「衰弱」（frailty）的因素有大量的研究資料，並稱這些老化徵兆為「衰弱症候群」（frailty syndrome）。2011 年 11 月底在台灣舉辦的「第一屆國際衰弱研究會議」（International Conference on Frailty Research 2011），即是在探討影響老年人衰弱因素。不同的研究背景者對導致衰弱或衰老的因素有不同的解讀和歸類，但普遍認為導致人類衰老的因素大致包括：

1. 體重快速改變，例如一年減輕 4.5 公斤以上。
2. 經常表示自己身體有疲倦感。
3. 活動力減低，在相關的量表上得分低。
4. 體力逐漸變差，其中「手腕握力」被認為與人體的衰弱相關最高，當男性手腕握力 ≦ 30KG、女性手腕握力 ≦ 20KG，就必須特別留意長輩的衰老情形了。
5. 動作變得緩慢，例如每秒鐘走路速度 ≦ 0.8M 等（ICFR, 2011），都是重要的指標。

上述衰弱的界定和指標整理如**表** 4-2，只要符合三個（含）以上的標準，就表示個體開始衰弱，會逐漸呈現出各種衰弱症候群。

多數有關高齡者心理特質的研究大都認為，高齡者的生理機能是否能充分的發揮，決定於高齡者的心理健康程度，其中高齡者的「自我概念」更是決定高齡者的心理運作機制的主要因素，也是決定高齡者認知功能的關鍵因素。因此，一旦離群索居、孤獨生活，或被家人離棄，高齡者的認知功能會快速的降低（Lamdin & Fugate, 1997; Tornstam, 2005）。

（一）自我覺知與認知功能

個體的心理健康和自我概念對認知功能有極大的影響力，當個體處

表 4-2　衰弱的判斷指標

項目	衰弱的界定
體重快速減輕	一年減輕 4.5 公斤以上
強烈的疲倦感	經常自我陳述：好累、好疲倦
活動力減低	Baecker 量表呈現最低分等級
體力減弱	手腕握力男性 ≦ 30KG
	手腕握力女性 ≦ 20KG
行動力變慢	每秒鐘走路速度 ≦ 0.8M

資料來源：International Conference on Frailty Research (2011).

於人體面臨壓力時，腦下垂體會刺激腎上腺分泌腎上腺素（AD）、正腎上腺素（NE）與腎上腺皮質醇（cortisol）。適度的皮質醇可以提高個體的注意力和警覺性，因此對學習和記憶有幫助。但是腎上腺皮質醇的量和記憶的關係呈一個「倒 U」字型，因此，過多的壓力會讓身體增加腎上腺皮質醇，分泌太多或太少都對記憶的保存不好。長期處在慢性壓力情境下，不僅會造成海馬迴的萎縮，也會影響腦中能量的運輸效能。

高齡者的心理認知功能通常奠基在高齡者的自我覺知，包括高齡者的人格特質、生理健康所引起的情緒反應、身邊親友的對待關係、社會文化的氛圍與各種條件等。高齡者對於現在的判斷，通常是受到過去的印象以及對未來的期待所影響，其交互作用如圖 4-4。過去和對未來的心理期待對於高齡者此時此刻的生活態度影響很大，因此，如何讓高齡者擁有一個「希望的未來」對高齡者的身心健康有絕對的影響力（Sanna & Chang, 2006）。

社會對高齡者的認知、態度都會影響高齡者的自我覺知，一旦高齡者覺察到外在環境對他的敵意或不尊重，很容易使高齡者處於一種高度壓力情境。此時，高齡者體內也會分泌過多的腎上腺皮質醇，造成海馬迴的萎縮，使得個體認知功能更加惡化。

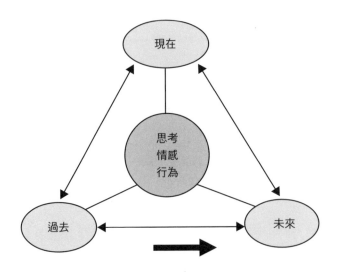

圖 4-4　個體思考、情感、行為的互動關係

資料來源：Sanna & Chang (2006).

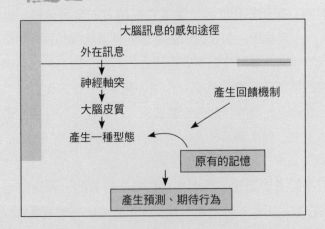

　　個體記憶對大腦訊息的感知或覺察途徑如上圖，圖中「原有的記憶」對大腦訊息的感知或察覺，會產生非常重要的回饋機制，因此不愉快的記憶對大腦訊息的感知有很大的影響力。

（二）自我效能與認知功能

　　人類是一種目標導向的有機體，強調個體會不斷地基於他們自己的需求，不斷地設定新的目標，引導個體的生命發展，因此目標的設定會影響高齡者的成功老化程度。設定的目標提供個體一個行動的標準，個體會依照這個標準來評量自己的各種行為，因此而形成不同的情感和自我評價，這就是個人人格形成的過程。Bandura（1997）也強調「自我效能」對高齡者的影響，自我效能的概念來自社會認知理論，自我效能感是個人認知因素中的核心信念，是人類達到某些表現所需要的行動的自我能力判斷，亦即個體相信自己對掌控特定領域事物的能力。因此目標的設定過程，對於高齡者的心理與認知功能有極大的影響，也是形成人格的重要因素，這種情形在高齡志工團體中隨處可見。

　　根據「認知行為學派」的觀點，個體對感官所接收到的資訊、經歷、環境和事件有不同詮釋，因此而形成各種不同的人格特質。一般而言，個體對外界訊息和個人經驗的認知經常因為不適切的認知情形，導致負面的自我價值，影響個體的自我效能，包括：資訊的概括化、資訊的扭曲和刪減等。高齡者面對年長子女的關心常常因為錯誤的解讀，導致心理的壓力或憂鬱情形，例如：「兒子看到的時候總是不高興！」、「兒子不讓我自己做這件事，一定是覺得我老了，沒有用了！」，都是在認知基模（schema）對資訊的過濾過程中發生了訊息的變形或扭曲，也因此形成個體特殊化的觀念、價值觀或自我印象。

　　「認知行為學派」主要觀點包括：(1) 個體的想法會導致各種情緒與行為；(2) 個體的情緒和身心疾病多數源自於負向思考模式；(3) 個體的情緒性症狀可以透過改變心智模式和思考模式來改善。認知行為治療的學者普遍認為，情緒障礙者的認知模式通常包含兩個層次（McDonald, 2010）：

　　1. 淺層的負向自動化想法：個人會依據生活經驗，建立個人的認知
　　　假設或認知基模，使人傾向於選擇與個人思考模式一致的訊息，

因此產生偏執的認知模式或認知世界。

2. 深層的功能失調性認知假設或基模：個人的認知基模中，有些是
   極端消極的、被扭曲、被刪減過的或過度類化的訊息，因此表現
   出功能失調的態度或行為。

筆者根據認知行為學派的觀點，將個體認知外在世界的過程描繪如
圖4-5。

事實上，個體的健康同時受到身體和心理的影響，這種身心靈交互
影響的情形在高齡者更為明顯。例如長年臥病的人會因為心理壓力大，覺
察到自己的智力正在快速的降低；反之，認知或記憶力的衰退，常引起高
齡者自卑、逐漸隱退到人群後，因而更加速認知功能的衰退。因此，不論

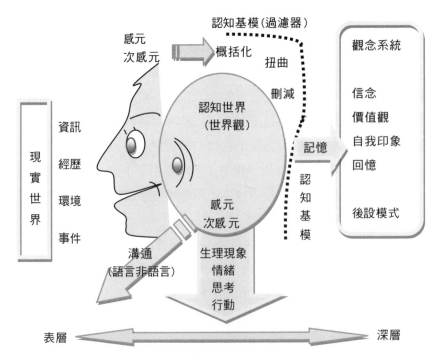

圖4-5　個體認知世界的形成過程

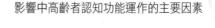

高齡者是否擔負職場或社區志工的主要工作者，保持高齡者的「心理和認知功能」的活化，都是高齡教育的核心工作。

（三）體驗、肢體覺察與認知功能

近年來由於醫學研究的進步，學者對於高齡者心理和認知學習的內涵，有更清楚的描述。強調中高齡者的經驗學習所具有的調適性、生理性和情緒性功能，強調中高齡的學習規劃必須留意學習在中高齡者生理上、心靈上、肢體覺察上所產生的影響。因此「體驗或肢體覺察的學習」（embodied or somatic learning）以及「心靈和敘述性的學習」（spiritual and narrative learning）是中高齡學習教學的新趨勢，因為個體是身心靈（mind, body and spirit）的整合體（Merriam, Caffarella & Baumgartner, 2007; Siegesmund, 2004）。

「體驗或肢體覺察的學習」是有意識地運用和發展身體智慧以追求成功，是整合身體（body）和心智（mind）的能力以展現個人的學習。事實上，個體的每一種技能的學習都是身體和心智的整合表現。身體的覺察和個體有意義的學習息息相關（Merriam, Caffarella & Baumgartner, 2007）。對此，Cheville（2005）也表示：「只有當整個身體參與學習，才能引發學習的回饋。事實上，學習本身必須是一種『行政的過程』（political process），必須透過身體和社會環境的妥協，才能有真正的學習或理解。」因此，當我們在討論高齡志工團體課程規劃時，絕對不能忽視課程對於高齡者「身體覺察能力」的影響。

肢體的覺察可以提供情緒許多的線索，也是情緒產生的重要因素，因此，任何暫時性的思緒都可能導致身體局部的僵硬，只是個體通常不太覺察得到，因此造成許多慣性的思考和慣性的肢體僵硬，甚至對身體內臟造成傷害。這正可以說明高齡志工團體課程對機構或組織發展的重要性，在高齡志工團體課程安排上，必須引導夥伴對自我意識的覺察，以及對身

體生理變化的覺察，甚至這種覺察對於其他夥伴或團體氣氛的影響。

三、社會與文化因素

由於功能性核磁共振造影的技術（fMRI）、核磁共振（MRI）、腦波圖（EEG）等醫學技術的進步，科學家可以觀察到人類在各種情境下大腦神經細胞的活化情形，因此對於「社會腦」的內涵，有更深一層的瞭解。儘管科學家暫時還無法解釋，到底是人類大腦的重量和形態的增加，決定人類日常生活的功能？或者是日常生活形態決定大腦的在量和質上的增加？但是研究者可以確定的是：「社會性學習在大腦特化上扮演非常重要的地位」，因此認為，靈長類大腦皮質的大小和社會群體活動的複雜度有高度相關（Dunbar, 2007; Fiske & Taylor, 2008; Gangestad & Thornhill, 2007）。

(一) 社會腦與認知功能

社會文化因素對高齡者認知功能的影響，超乎我們的想像，自從 1988 年 Byrne 和 Whiten 提出「社會腦的假設」（social brain hypothesis），學者對於「社會認知」的詮釋不僅有更寬廣的空間，也將社會認知的概念，從青少年文化學習、社會化的探究，延伸為生命全程（lifespan）的概念研究。有關「社會腦」的相關研究認為：所有的靈長類的大腦演化是一個持續進行的過程，今日人類大腦的形態和構造是一種社會演化的結果，是為了更大範圍的群體生活而演化的，是經過一連串需求計算（computational demand）的結果。例如，人類的大腦容量和加大的前額葉部分，主要為了覓食和更大範疇的對話和互動，因此大腦的演化是為了適應日常生活。儘管大腦皮質是所有哺乳類的特徵，但是靈長類的

大腦皮質似乎特別大。其中，人類大腦皮質層的容量甚至超過我們日常生活所需的量（Dunbar, 2007）。

近年來，人類學者和社會學研究者紛紛從「社會腦」的角度來分析人類的行為，主要是從行為的認知過程與生理機制，來瞭解群體中的個體如何透過自然的選擇，產生各種既「衝突」（conflict）又「合作」（cooperation）的社會行為。社會腦的概念認為，「利他心」是人類一種自然的行為展現，人類需要在團隊中與他人互動才能生存，在互動過程中，個體甚至為了團體的利益而犧牲自己的權益。對此，人類社會學家Vero Copner Wynne-Edward 的研究分析表示，各種靈長類的群體行為都顯示，能夠配合環境的限制或需求，自動地限制群體數量的物種或團體，比過度擴張數量的群體更能永續地生存下去（Conde, Capó, Nadal & Ramos, 2007）。因此主張靈長類的大腦發展是個體的生理機制和社會環境互動的結果。由於年歲的增加和經驗的累積，「社會腦」的概念對於高齡者的行為形塑和社會網絡的經營，特別值得吾人深入的探究，也將是未來高齡社會學研究的主軸之一。

近年來許多學者的研究都認為社會、文化傳統、角色覺知等因素都會改變高齡者認知功能的發展（Cruikshank, 2009; Whitbourne, 2007; Bener & Freund, 2007; Lamdin & Fugate, 1997）。例如較高的教育程度、職業地位、收入；較高的工作複雜度；與聰明的配偶有較長的婚姻關係；從童年開始就大量的運用文化與教育資源等，對於高齡者的認知功能發展都有正向的影響。Cruikshank 更指出，現代科技讓老化的議題不再是個「生物性議題」，而是一種「社會性議題」（social issue），例如文化傳統對高齡者的界定、社會對高齡者的態度、高齡者的信念、性別、階級等，對高齡者生理認知功能老化的影響比生理因素的影響更大，並稱這些老化因素為「社會性老化」（social aging）因素。Cruikshank 表示，由於老化覺知是個人大腦內部的變化，既不容易加以覺察或改變，也不容易掌控，因此有必要喚醒高齡者對於社會性老化因素的覺察，並加以重視。

　　此外,退休、社會角色的承擔、消極性生活環境與態度等也都屬於社會性老化的因素。退休讓高齡者覺察自己「變老了」,特別是非自願退休的高齡者,更容易產生消極的自我意識,對於中高齡者的心理功能和生理健康有負面的影響。在社會角色的承擔上,高齡者對角色的認同情形決定於家人或朋友的對待態度。例如,一般人和年長者談話時,都會向年長者問一些老年生活的點點滴滴,以表示對年長者的尊重,這種態度對高齡者的幸福感和認知有正面的影響。社會對於高齡者的積極態度是影響高齡者的自我概念發展的關鍵因素(Lamdin & Fugate, 1997),這正是量子心理學所稱的:「觀察者也是參與者(observer can't be left out of the description of the observation),是觀察者創造了被觀察的世界(the observer creates the universe of observation)」,觀察者與被觀察者之間是一種互動的主客體關係(Wilson, 1990)。因此 Cruikshank 認為老化是一種社會性的過程,對高齡者而言,老化是一種情緒上和心靈上的挑戰,是高齡者人生中最後的挑戰,也是經常被忽略的議題。由於本次課程以高齡志工的心理認知功能為主軸,因此強調高齡者對於社會性老化的自我覺察,以協助高齡者克服情緒上和心靈上對老化的負面意象。

(二) 個體經驗學習與認知功能

　　高齡者由於生活閱歷豐富,因此高齡者的認知功能受到經驗學習的影響程度比年輕世代明顯,也是目前研究高齡者社會認知的核心議題。經驗學習的概念承襲自 Dewey 的觀點,由 Kolb 加以整合(Kolb, 1984)。

◆Dewey 的經驗學習概念

　　Dewey 非常強調學習的經驗內涵,認為建立在過去經驗上的學習是最有意義、充滿蘊涵的學習,因此他特別提出經驗學習的幾個重要概念,包括:(1) 經驗學習的概念,強調所有成功的教育都來自經驗,當下的美

好經驗可以為未來的學習奠定基礎；(2) 民主自由的概念，強調讓人感覺自在、喜愛且享受的學習才能留下完整的經驗內容；(3) 連續性的概念，強調優秀的教學者不只是引導學習進行當下的學習，而是要引導學習者持續不斷地學習成長；(4) 互動的概念，學習經驗中的主體性和互動關係會影響經驗的內涵，學習者和教學者間的互動會決定學習經驗的內涵（Knowles, Holton & Swanson, 2005）。因此，社會文化因素是影響高齡者認知功能的關鍵因素。

Kolb 認為 Dewey 非常重視人的發展，因此提出成人經驗學習的幾個主要特質，包括：(1) 學習應該是一種過程，而不是一種產出；(2) 學習是基於經驗的一種持續的過程；(3) 學習必須在適應外在世界的各種模式中取得協調；(4) 學習是適應外在世界的一種整體性過程；(5) 學習包括個人和外在環境之間的轉化；(6) 學習是創發知識的過程（Kolb, 1984; Osland, Kolb & Rubin, 2001）。

◆Kolb 的經驗學習概念

Kolb 認為成人的學習動機通常都受到某種問題所激發，因此不管是職場上的學習，或各種學習組織的學習，成人知識的習得都可以定義為「透過經驗瞭解某種事物的過程」。為了進一步強調、並詮釋成人學習的架構和過程，Kolb 提出成人學習的兩個構面：「資訊覺知」（perception）偏好與「資訊處理」（processing）方式。由於個體有特殊的學習偏好、特殊的處理資訊模式，傾向某種能力的使用與展現，因此他提出一個學習模型來定義不同學習風格之間的差異性。這個模型是由兩個相互垂直的構面所組成，縱軸代表學習者如何接受新資訊的資訊覺知偏好，橫軸是學習者如何處理新資訊的資訊處理方式。

Kolb 經驗學習過程的兩個構面形成四個象限，也就是四種不同類型的知識創發形式：「調適知識」（accommodative knowledge）、「發散知識」（divergent knowledge）、「同化知識」（assimilative knowledge）、「聚

合知識」（convergent knowledge）。

　　Kolb 表示，個體在不同的學習情境，會整合不同的學習模式，因此形成四個象限的學習模式，其反應出四種不同的學習風格，包括：調適者（accommodator）、發散者（diverger）、同化者（assimilator）和聚合者（converger）。Kolb（1984）所發展的學習風格量表（Learning Style Inventory, LSI），可用以瞭解個人的學習的偏好，掌握學習者的學習需求和有效的指導策略，其應用範圍相當廣泛，包括中小學的各領域教學、大專以上學生、成人教學的研究，以及企業的培訓課程教學等。

　　隨著經驗學習的發展，個體學習的統整程度（integrative complexity）會逐漸的提升，因此 Kolb 也提出「經驗學習的發展理論」（the experiential learning theory of development）。具體經驗（CE）、抽象概念（AC）、省思觀察（RO）、主動驗證（AE）等四種學習方式，都會隨著個體生活經驗的豐富化，透過不同的複雜性策略達到較高層次的統整學習，而自我和外在知識的關係也隨之改變。如圖 4-6 所示，如具體經驗中的情感會轉化為憐憫；省思觀察中的知覺會形成高層次的觀察；主動驗證中的行為昇華為高層次的行動；抽象概念中的符號複雜性則轉化為高層次的概念。

　　針對人類學習的發展過程，Kolb 提出三個趨向成熟的發展階段：「習得階段」、「特殊化階段」、「統整階段」，個體的學習透過成功的學習經驗，以及實際經驗的發展過程，逐漸地趨向成熟和統整。這三個階段包括出生到年老時期，三個階段的特色如下（Kolb, 1981: 141-145）：

1. 習得階段：這個過程相當於兒童出生以後到青少年期，大約是 Piaget 所指的兒童認知發展的四個階段。個體從與外在世界的無差別感，逐漸發展出對自我的認同，此時期的發展目的是，個體逐漸從內化經驗中覺察到自我的自由度，最終的目的則是 Erikson 所指的「自我認同」。此時自我和外界的關係是一種融入與內化。

2. 特殊化階段：這個階段是個體透過正式教育，以及成人階段各種職業上的學習經驗和生活，由於文化、教育、社會化的因素，個

體逐漸地發展出適應各種不同工作、特殊文化背景的能力。透過
學習經驗的特殊化過程，個體逐漸獲得一種自我的獨特感覺及自
我價值感。此時的自我的內涵通常和「我能做什麼？」和「我有

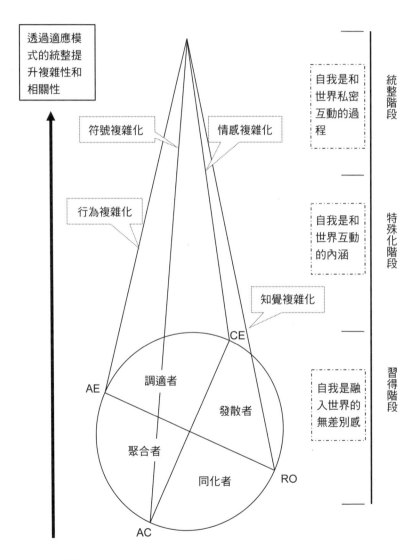

圖 4-6 Kolb 生長和發展的經驗學習理論模式

資料來源：Kolb (1984).

什麼樣的經驗？」息息相關，自我和外界的關係是一種「互動」的關係。

3. 統整階段：從特殊化到統整階段，個體面臨特殊社會價值與個人動機或自我實現之間的衝突。此階段主要的特徵是個體對於這些衝突所展現的個別化經驗，這些以自我為客體的認同會加速個體達到統整的階段。但是，並不是每一個人都能達到統整的學習經驗階段，有些人可能無法妥善處理衝突，因而導致家人離異、失去工作等。這種學習經驗的轉化，對於省思觀察的人，會鼓勵他面對挑戰影響別人，而不是被他人影響；對於具體經驗的人，各種抽象概念會引導他們將抽象學習融入經驗中；主動驗證的人，則會透過反思可以讓他們對行動更有覺察力；抽象概念者則因為對真實生活的覺察，對事物有更加深入的概念。

針對上述成人統整階段的經驗學習，Kolb 以 1995 年 Escher 所提出的「解放意象圖」（如圖 4-7），說明個體不同階段學習經驗的成熟度以及自我和環境的關係，非常傳神。最下面三層的圖像，背景和主體融合在一起，代表經驗學習發展的「習得階段」；中間三排的圖像最為突出，此時，個體自我的展現最明確、清晰，代表經驗學習發展的「特殊化階段」；最上層的圖像則展現個體的自由度和自我導向，個體已不再受限於環境或背景。Kolb 認為這種經驗學習的統整發展，才是知識獲得的最終階段，也是成人與高齡教育的目的。

事實上，上述 Dewey 和 Kolb 對經驗學習的論述，已經完整且周延闡述了高齡者的學習特質。人類學習的發展過程是一種「趨向成熟」的發展階段：包括習得階段、特殊化階段和統整階段，高齡者的學習應該達到「統整階段」。在統整階段中，個體對於各種內外在的衝突會展現一種個別化經驗，這些個別化經驗都是以「自我」為客體的認同，以加速個體達到統整的階段。因此，如何透過社會參與或團體活動，協助高齡者順利到達統整的學習經驗階段，也是高齡教育的核心任務之一。

圖 4-7　Escher **解放意象圖**

資料來源：Kolb (1984).

(三) 老人社會形象與認知功能

「形象」主要有兩種定義：(1) 係指在知覺場地中所見到的輪廓，清楚成為具體形象的部分；(2) 係指特定人物扮演社會角色所具有的人格特質，例如父親形象、母親形象、教師形象等。藝術領域對形象的詮釋則通常將形象界定為對實體的模仿，而不為實體所限定，美國學者 Daniel Boorstin 對形象的界定：「形象是一種準概念（pseudo-ideals），是人造的、被動的、可信的、生動的、簡化的、模糊的。」（摘自呂佩英，2006）。形象幫助個體將他人歸類為簡單的社會主體，不僅容易應對，且不必在意他人後續行動。如果對方任何行動與我們刻板印象不符，我們會視為無關緊要，以求不與日常經驗產生衝突。

老年形象可視為一系列人為建構的準概念，其功能在於讓個體能夠理

解自身及他人身體所產生的變化。老人的「社會形象」對老人族群和其他世代具有不同的社會意象，老人族群和年輕族群對老人的社會形象有不同的覺察，這種差異主要肇因於老人們普遍低落的「自我形象」。社會文化對於老人心理功能運作的影響程度超乎我們的想像，近年來許多學者的研究都認為社會、文化傳統、角色覺知、自我概念等因素都會改變老人的心理認知的發展，也是決定老人社會形象的重要因素（Cruikshank, 2009）。邱天助（1993）也認為老人參與學習的動機主要是受到社會人口變項及心理變項的影響，其中自我概念、自我評鑑與老人參與活動、參與活動的程度與態度都有相關。Novak 的研究也表示，老人在團體社會性連結上的減弱，嚴重地威脅其社會自我概念和自我形象，這個威脅會隨著物理及社會環境的孤立而日漸增加，導致老人的生活處於不利的社會情境。

因此 Cruikshank 認為，現代科技讓老化的議題不再是個「生物性議題」，而是一種「社會性議題」，例如文化傳統對老人的界定、社會對老人的態度、老人本身的信念、老人的自我概念等社會性因素，對老人心理認知功能老化的影響比生理因素的影響更大，並稱這些老化因素為「社會性老化」。Cruikshank 表示，由於老化覺知是個人大腦內部的變化，既不容易加以覺察或改變，也不容易掌控。因此，有必要喚醒老人對於社會性老化因素的覺察，透過正向形象的塑造，提升每一位老人的心理認知功能。

Byrne 和 Whiten 所提出的「社會腦」概念，可以說明並驗證老人的「社會形象」對於每一個老人的影響程度。社會系統、社會自體組織具有自體組織（auto-organization）和自我再製（self-reproduction）的功能，根據 Luhmann 的觀點，社會系統並非一種規範性的概念，而是一種「相互指涉」的各種內在因素所連接的網絡，其中，每一個行動者的社會行動，都是相互參照和相互指涉的。因此系統的產出內容，是系統內的自我生產和自我參照功能的分化結果（高宣揚，2001）。由於組織具有自組特性，因此可以抵制單純來自「上層」（例如社會組織、社會期待）的控制，進

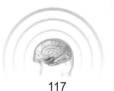

而發展該組織獨特的複雜社會行為，也就是說，個人或社會次組織通常依照自我或組織的生長特性，發展獨有的生活形態，並建立豐富且多變的社會形貌（蔡琰、臧國仁，2008；Weick, 1969）。

社會系統所展現的社會形貌既不是單一的個體所決定，也不是由一般所公認的角色或行為所形成，事實上，每一個社會系統的形貌或行為模式都是組織間傳播互動的結果。以老人在社會所呈現的社會形象為例，每一個社會中的「老人社會形象」不僅是該社會多數老人所展現的價值、思維與行動，也是該次系統與社會中其他次系統透過符號象徵的互動結果。因此，儘管老人族群人口呈現非常多元化的面貌，但是個別老人的表現或行為無法決定社會對老人的社會形象，只有當個別老人的行為和多數老人行為產生互動或交流，才能形塑或改變老人的社會形象。每一個次系統所擁有的社會形象以及它所具備的社會角色，都會「支持」該次系統的傳播行為，因此老人族群所具有的社會角色，不僅影響媒體次系統的傳播方式，老人族群所承受的「社會角色期待」也受到媒體次系統的影響。

筆者嘗試以**圖** 4-8 表示個體在團體中的價值觀與社會形象的型塑過程。

在群體價值觀與形象的建構過程中，不管群體中每一個個別個體是否具有相同價值觀、信念或行為模式，群體的成員彼此間有一種隱而不見的個體自我覺察和社會互動，這些互動的結果不僅影響個體的價值觀，也會影響該群體在媒體輿論或政策「再現」（representation）的內涵。所謂「再現」是社會意義表達的過程，是透過文字、語言、圖像、聲音等符號的運用，進而建構某種社會事實（邱天助，2007）。在這些建構過程中所依賴的是一種「符號表徵」的互動，因此很容易形成一種鮮明的、似真的，卻僵化的社會群體形象。

（四）社會參與與認知功能

　　社會網絡是「以社群為基礎的」（community-based）、互惠的、彼此有利的，同時建立在規範和信任之上，才能有效地發揮協調與統整的功能。因此成人學習社群是一種協同運作（collaboration）、統整性的團體，不管是社區或職場上的學習社群規劃，都必須視為一種社會性的投資（Alfred & Nanton, 2009）。從社會網絡的類型和社會資本形成的過程看，高齡學習社群本身即是一種「次級社會網絡」，對於個體的自我認同有極大的影響力，擁有豐厚的社會資本，可以協助高齡者形成社會性連結（Nanton, 2009）。特別是對於目前逐漸成為高齡化社群主流的「嬰兒潮中高齡社群」，由於擁有較高的教育與文化水平，這些「嬰兒潮中高齡社群」普遍擁有高學歷、穩定的經濟基礎，因此他們會慎選學習社群的類型、社群的參與者與學習社群的價值取向等，他們多數期待透過這個學習

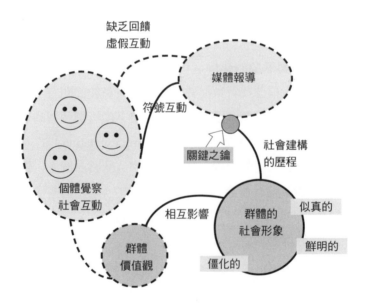

圖 4-8　群體價值觀與形象的建構過程

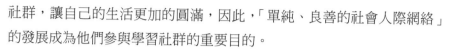

社群，讓自己的生活更加的圓滿，因此，「單純、良善的社會人際網絡」的發展成為他們參與學習社群的重要目的。

目前社會對老年人的服務仍然集中在供應食物、居所和生理照護，很少顧及老人的休閒的引導、認知效能的提升或生活滿意度的提升。Lowy、Mardoyan 及 Weis 在從 1979 年起就倡導老人對團體性的服務有特別需求，同時建議對老人服務應採用團體方式，除了較中立、將責任分散給團體中的每一個人，也能讓每一個人都有機會對別人的成長提供協助。Toby Berman-Rossi 在 1990 年的研究也表示，老人在團體社會性連結上的減弱，嚴重地威脅其社會自我概念，這個威脅會隨著物理及社會環境日漸增加，導致老人的生活處於不利的社會情境（摘自莊秀美，2003）。

許多學者也都肯定團體或社群學習對老人的價值與功能，肯定透過團體服務或社群活動的參與，可以增強老人的社會心理功能。對高齡者而言，與人對談不僅僅是一種補償，也是一種認知的重新架構。老年人記憶變差主要是因為不正確的聯想，或缺乏將學習資訊有效連結的技巧。因此，高齡團體經常使用「故事敘述」、「生命對談」或「自傳寫作」來協助高齡者持續的保持良好的記憶與生活品質。透過社群活動建立堅實的社會網絡，能讓年長者發展出更加穩定的情緒和知識，更具有創造力與表達力。

高齡社會生活可能重建？

排除無關事物、去粗取精是保存記憶的重要因素，高齡者或許無法從久遠記憶中回想出1960年代的電視廣告詞，但可以借助日曆、清單或個人數碼助手（PDA）等工具協助自己的短期記憶。多數研究者都建議高齡者多運用清單或小標示分擔記憶的任務，同時可以解除擔憂記憶力退化所造成的心理壓力。

自我評量

1. 隨著年紀的增加，大腦的生理結構會有哪些自然衰退或變化？

2. 近年來研究者紛紛從「社會腦」的角度來分析人類的認知過程與生理機制，何謂「社會腦」的概念？您可以舉一個認知功能實例加以說明嗎？

3. 多數研究都認為，經常性的「學習」可以延緩認知老化的程度，您可以從「神經生理學」的角度說明學習對認知的影響嗎？

4. 高齡者擁有「統整性的學習經驗」是高齡者重要的學習特質。如果您是高齡教育工作者，您如何善用這些統整性經驗，彌補高齡者認知功能退化的事實？

Chapter 5

大腦額葉皮質與認知老化

一、大腦在老化過程中所呈現的神經生理特質

二、大腦在認知老化過程中的回應策略

三、大腦額葉皮質在認知老化過程中的角色與功能

目前有關行為科學研究的新觀點都是一種「行為心理」和「神經科學」的整合性觀點，這些觀點不僅讓醫學研究人員可以瞭解人類大腦神經認知老化的過程，也讓我們對高齡者的認知能力有更加積極的觀點，充分地發揮高齡者的潛能和智慧。

正如美國哈佛大學醫學博士 Reisa Sperling 針對阿茲海默症神經成像的研究表示，人類的大腦生理結構一直非常努力地維持自己在神經傳導上的任務，因此，一旦生理結構上出現任何傷害或衰退，大腦都會「奮力」地啟動每一個部分，以確保認知功能的發揮。因此，即使是阿茲海默症的病患，在初期時間，個體的大腦仍然會努力克服類澱粉斑塊的傷害，特別是「海馬迴」的奮力搏鬥情形更佳明顯，當顧葉部分神經細胞出現類澱粉斑塊時，海馬迴會努力地想擺脫類澱粉斑塊的傷害（Alzheimer's Association, 2010）。

本章主要在介紹大腦在老化過程中所呈現的神經生理特質與回應策略，以及大腦額葉皮質在認知老化過程中的角色與功能。

一、大腦在老化過程中所呈現的神經生理特質

如本書第四章所述，目前神經認知老化主要的四個研究構面為：工作記憶、抑制性控制、認知處理速度和長期記憶。二十世紀九〇年代，Craik、Jenning 和 Salthouse 等腦神經科學家發現，儘管高齡者的工作記憶表現較不如年輕人，但是高齡者在一般程度任務的反應上，和年輕人沒有太大的差別。只有在任務的複雜度增加、需要將記憶重整，或者加上抑制性要求時，老人的認知表現才會明顯地異於年輕人（李淑珺譯，2007）。

由於大腦成像等研究技術的發展，過去十五年，以大腦為基礎有關認知老化的研究數量快速增加，大約成長了 10 倍（Reuter-Lorenz & Park, 2010）。Reuter-Lorenz 和 Park 認為，主要是因為各種神經科學證據可以清

楚地詮釋目前各種認知老化中的特殊性行為，而大腦神經成像的證據可以
對過去我們對大腦所提出的假設進行驗證，上述的神經科學證據讓老化的
相關研究有了新的發展和新的結構，形成全新的「神經認知科學」研究領
域。

最近這五年來，研究者對大腦神經認知系統所發生的現象有更真實、
深入的瞭解。相關的研究證據讓我們更瞭解高齡者的大腦在老化過程中所
扮演的積極角色。也讓我們對高齡者的學習、認知訓練課程、老化相關疾
病的預防等有更加積極的看法。相關的研究表示，面對個體老化的事實，
大腦神經細胞所呈現的神經生理特質主要包括：高齡者左右腦功能不對稱
現象之遞減、前額葉皮質的認知補償作用、專注力不足引發「回應性」的
認知控制機制、大腦神經細胞有特化不足的情形（dedifferentiation）的情
形、神經網絡逐漸缺乏彈性（default network alteration）等。

（一）高齡者左右腦功能不對稱現象之遞減

多數正子造影（PET）檢查等技術都認為高齡者和年輕人在處理認知
和記憶時，大腦皮質有不同的活化情形。一般人在處理文字、說話或辨識
圖案時，通常都只使用半邊腦，例如從記憶中擷取一個字元時，通常都使
用左腦，稱為「單邊半腦運用」（unilateral hemisphere involvement），亦
即，和語言相關認知活動主要由左腦皮質來處理，空間等認知則由左腦
來處理。到了 2002 年左右，神經科學家們才陸續地發現，熟年大腦與年
輕人的大腦處理資訊的方式完全不同，高齡者從記憶中提取資料，或進
行臉部辨識時，在大腦的枕葉和額葉都有不同程度的活化情形。這表示
高齡者在認知過程中，沒有「大腦側化功能」，而是左右腦同時被激活，
這種情形稱為「雙邊半腦運用」（bilateral hemispheric involvement）。研究
者也稱這種現象為「高齡者左右腦功能不對稱現象之遞減」（HAROLD）
（Cabeza, 2002; Reuter-Lorenz & Park, 2010）。

　　杜克大學認知神經科學中心的 Roberto Cabeza 教授認為，人類的大腦不僅能持續在腦細胞之間形成新的連結，形成新的記憶，還能製造出全新的腦細胞。Cabeza 表示，高齡者從記憶中提取資料，或進行臉部辨識時，是同時使用左右腦，這就是一種高齡者左右腦功能不對稱現象的遞減現象。

　　最近的認知神經科學家 Emery 等人則進一步發現，在進行項目再認時，不管是否以年齡為比較標準，高齡者和年輕人在大腦額葉皮質的活化程度上都有明顯的差異，特別是在「前額葉皮質部分」。當記憶的量增加時，高齡者和年輕人所激活的區域相類似，但是，除了顳葉皮質區以外，高齡者在前額葉皮質的活化程度特別明顯（摘自 Reuter-Lorenz & Park, 2010）。Reuter-Lorenz 和 Park 認為這是一種前額葉皮質「過度活化」（overactivation）的情形，這種前額葉皮質區的過度活化是為了支援高齡者在學習時「工作記憶」的認知作業，以提升工作記憶的效能。然而，一旦目標記憶量過度增加，或面臨需要快速進行大腦資料的檢索時，高齡者除了在認知行為表現上明顯比年輕人差，原本被大量激活的前額葉皮質區，會立即呈現活化不足的情形。

　　神經科學家們對於高齡者這種前額葉過度活化的情形提出各種假設，他們認為前額葉皮質區是人類主要負責各種思維整合的區域，因此不論任何年紀的人，當目標記憶增加時，前額葉都有明顯活化的情形，但是高齡者的前額葉皮質區的活化情形似乎格外的明顯。他們認為這顯示人類大腦前額葉皮質在認知執行過程中扮演一種重要的「協調」角色，主要是為了彌補個體在工作記憶處理過程中的不足。但是，一旦認知的資訊的存取量大量增加，高齡者的前額葉皮質區的活化程度會立即活化不足的情形，此時代表個體的認知作用已經達到資源的極限（resource ceiling）。因此，他們認為大腦前額葉皮質的協調作用是一種「補償作用」，這種協調角色具有相當大的彈性，卻是一種相互依賴、有限制性的協調資源（Emery, Heaven, Paxton, & Braver, 2008; Cappell et al., 2010; Reuter-Lorenz

& Park, 2010）。

（二）前額葉皮質的認知補償作用

事實上，Velanova 等人（2007）的研究就已經發現，高齡者在面對較高的認知工作量時，在認知過程的後半段，前額葉皮質區會被激活，Velanova 等人認為這是因為高齡者沒有將注意力妥善規劃，因此前額葉的激活是為了協助其他區域的認知功能，是一種認知的補償作用。目前研究者則希望瞭解前額葉的補償作用可能會產生哪些「代價」？是否會導致個體生理上的危機？對此，Bergerbest 等人（2009）的研究認為，高齡者在前額葉區的過度活化，或同時喚起左右腦的認知處理作業，事實上是一種認知能力的衰退情形。相對的，Reuter-Lorenz（2000）的研究則採取比較積極的觀點，他認為許多有高功能表現的高齡者，或成功老化的高齡者，在大腦前額葉皮質區的活化情形格外的明顯。他認為這種補償作用可能是因為成功老化的高齡者可以使用大腦不同區域，甚至使用不同的策略來協助認知作用的進行。

事實上，大腦前額葉皮質活化的補償作用是一種老人認知功能上自相矛盾的結果。Raz 在 2008 年的研究認為，這種自相矛盾是因為前額葉皮質對於大腦因年齡而萎縮的情形較為敏感；Heuninckx 等人研究也發現，在前額葉皮質區活化的同時，大腦枕葉區和腹側視覺（ventral visual）區的活化程度都明顯地減少，因此認為這是一種大腦前額葉和後側枕葉區的功能交換情形（摘自 Reuter-Lorenz & Park, 2010）。

儘管學者們對於高齡者過度激活大腦前額葉皮質細胞的補償作用有不同觀點，但是都不約而同地提醒我們，在高齡者神經認知功能的促進上，一方面必須重新重視大腦不同區域的特化情形，才能維持大腦各部分的獨特功能；一方面則要避免給予高齡者過重的認知任務，以免造成前額葉皮質太大的壓力。

大腦自我協調、自我平衡的現象，可以透過「自體組織」的概念來瞭解。根據 Luhmann「自體組織」的概念，自組組織必須發生在一個開放的系統中，透過外界物質和能量的輸入，加上內部非線性動力過程的引導，以及隨機漲落的擴大，使系統進入一種「遠離均衡」的不穩定狀態，並達到一種臨界點（threshold）上，使得組織自發性的形成新的穩定結構，系統因此變得更加複雜且組織化（Prigogine & Stengers, 1984）。自體組織理論強調秩序的出現，詮釋系統如何從渾沌通往有序的收斂演化過程（陳朝福，2003）。自體組織認為，自體組織的主體和客體有不可分離的關係，自體組織的特性是自律性，正因為內部供給的不平衡，才使系統得以維持外部的平衡。

根據自體組織的特性，人類的大腦會依照自己的情境而存在、而平衡、而和諧地運作，大腦前額葉皮質區類似個體思考、認知的總指揮，因此，為了個體的生存、適應生活環境，前額葉皮質區會適時地擔任協調工作者。當外界的資訊量超過個體所能的負擔的程度，前額葉皮質區會進行判斷，適時地停止對工作記憶的資源挹注，以免破壞個體內部的協調性。這種概念與 Byrne 和 Whiten 所提出「社會腦」的概念（Dunbar, 2007）不謀而合。

（三）專注力不足引發「回應性」的認知控制機制

個體的認知功能是一種「目標導向」的機制，隨著年齡增加，高齡者在認知過程中的注意力規劃能力會降低，因此專注度會逐漸下降。高齡者對於外在刺激的認知反應，也會從年輕時代的「前瞻性」（proactive）認知控制機制，轉變為「回應性」（reactive）的認知控制機制（Paxton et al., 2008）。Paxton 等人認為這種認知功能的轉變也是一種補償性的功能轉換，也是造成高齡者自我掌控能力下降的原因之一。

Andrés、Parmentier 和 Escera（2006）針對高齡者認知專注力的研究

表示,高齡者在進行認知性學習時,受到外在非相關噪音干擾的程度比年輕人明顯很多。當高齡者曝露在不相關的聲音下,會明顯的影響高齡者對施測刺激的回應能力,同樣程度的干擾聲音,對年輕人的影響則不明顯。這項研究支持 Dempster 在 1992 年所提出的「額葉老化假設」,亦即,隨著年齡增加,導致高齡者的工作記憶功能減退、專注力和注意力不足、額葉認知管理功能缺失等。其中「額葉認知管理功能不足」則包括:認知計劃能力不足、認知彈性不足、認知抑制功能不足,以及大腦自我監控能力的缺乏等。

由於,高齡者對於外在干擾聲音的控制力不足,因此容易受到外在干擾刺激的影響。在日常生活中,我們也可以發現,原本脾氣溫和、待人處事都相當周到的中年人,到了晚年像變了一個人似的,經常無緣無故的發脾氣。有些年紀較大的高齡者,會經常抱怨:「吵死了,我不想出門。」筆者幾位逐漸步入高齡階段的長輩也表示,過去不管周遭環境多麼吵雜,自己都可以拿起一本書,專心地閱讀,隨著年齡的增加,專注程度越來越不夠,就連自己的心情都不容易控制了。

為什麼人越老越怕吵雜的環境?

「額葉老化假設」表示,高齡者額葉在認知管理上的功能不足包括:認知計劃能力不足、認知彈性不足、認知抑制功能不足,以及大腦自我監控能力的缺乏等。因此同樣置身在吵雜的車陣中,年輕人仍然可以安然自在地閱讀,高齡者則可能因為認知抑制功能的不足,因此覺得身心俱疲,甚至無法集中精神,因此,年紀大的長輩會經常抱怨不想到人多的地方,吵雜的環境很容易讓他們產生疲倦感。

(四)大腦神經細胞有特化不足的情形

不同的研究者對於前述「高齡者左右腦功能不對稱現象之遞減」

（HAROLD）對高齡者認知的意義有不同的說法。部分認知神經科學家認為，高齡者同時喚起左右腦的認知過程是一種「神經細胞特化不足的情形」，他們認為高齡者這種大腦特化不足情形是一種「負面的大腦可塑性」（negative plasticity），會導致個體認知功能性特化的瓦解，因此我們必須釐清「有益的過度補足」（over-recruitment）和「補償性的過度補足」之間的差異（Reuter-Lorenz & Park, 2010; Voss et al., 2008）。

　　Voss 等人的研究發現，許多成功老化的高齡者在處理工作記憶時，會有腹側視覺的分化不足情形，會同時使用腹側視覺區和大腦額葉皮質區來處理資訊的解碼工作，因此他們的研究都假設：大腦前額葉皮質區會針對個體喪失知覺特殊化的程度進行補位。儘管相關的研究仍待進行，但是許多研究已經發現，這些高齡者在大腦的「灰質」（gray matter）部分的確有明顯的減少情形。

（五）神經網絡逐漸缺乏彈性

　　前額葉皮質的補償作用，會間接造成神經網絡彈性的喪失。人體神經網絡彈性主要包括：均衡發展的前額葉皮質，以及人體的側面和體腔側大腦不同區域的均衡性功能的運作，這些大腦的均衡化運作讓個體在進行認知時間和休息時間能夠有不同的活化情形，這是個體的保護機制，以確保個體在休息狀態可以自我掌控、具有反射性記憶，因此能夠對外界情境即時回應的認知能力（Buckner, Andrews-Hanna, & Schacter, 2008）。

　　對於前額葉皮質補償作用所引起的神經網絡彈性不足，Park 和Reuter-Lorenz 等人進一步表示，這種彈性不足情形會隨著年紀增長而增加，而且在彈性不足的區域，會有神經連結不良的情形發生。在語意表達和相關的記憶測量時，過度的前額葉皮質活化所造成明顯的神經網絡彈性不足情形格外的明顯（Park & Reuter-Lorenz, 2009）。

　　前額葉皮質區是人類主要負責各種思維整合的區域，高齡者的前額

葉皮質區的活化情形似乎格外的明顯。這顯示人類大腦前額葉皮質在認知執行過程中扮演一種重要的「協調」角色，主要是為了彌補個體在工作記憶處理過程中的展現。事實上，在大腦老化過程中，額葉一方面要扮「協調」或「抑制」的認知角色，一方面要扮演「補位」的角色。前額葉除了統整認知功能，一方面要更費心力抑制個體對「負向情緒」或「外在干擾訊息」的認知功能，一方面要協助顳葉，補足顳葉因細胞老化所引發的認知功能不足情形。因此，高齡者前額葉一旦受到任何的損傷，此時的前額葉會陷入所謂「泥菩薩過江，自身難保」的窘境，就會引發一連貫的認知功能異常現象。

二、大腦在認知老化過程中的回應策略

最近許多神經生理學研究都表示，針對上述大腦在老化過程中的生理特質，包括同時激活左右腦、前額葉必須補足顳葉的記憶功能、大腦神經細胞特化不足、因專注力不足引發回應式的認知控制機制和神經網絡逐漸缺乏彈性等，高齡者的大腦會持續建構一種「補償式」的認知鷹架，其中，最著名的是 Park 和 Reuter-Lorenz 在 2009 年和 2000 年所提出來的「老化與認知的鷹架理論」（Scaffolding Theory of Aging and Cognition, STAC），如**圖** 5-1 所示。

這些年來有關神經認知科學的研究提供我們各種認知老化的相關知識和理論架構，主要是根據大腦的認知功能或神經結構來解釋高齡者在認知能力上的缺失和認知能力的維持，是一種積極老化、成功老化的積極觀點。Park 和 Reuter-Lorenz 所提的「老化與認知的鷹架理論」模式，將人類大腦老化過程的神經認知衰退情形（neurocognitive decline）和大腦神經可塑性（neuroplasticity）加以整合。整個 STAC 模式強調人類的大腦在面臨神經系統因為年齡增加所面臨的挑戰時所扮演的主動性角色，包括大腦

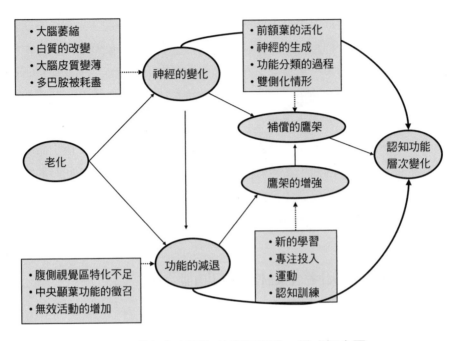

圖 5-1 「老化與認知的鷹架理論」模式概念圖

資料來源：Reuter-Lorenz & Park (2010).

因為老化所面臨的生理挑戰，例如大腦白質的減少、類澱粉斑塊的產生、大腦萎縮（atrophy）等，以及這些大腦硬體的改變所伴隨一些功能上的改變，包括上述所說的大腦細胞特化的不足、網絡彈性的喪失等。

根據 STAC 模式，大腦透過塑造一個替代的神經迴路（circuitry）或鷹架，來回應因大腦老化所引發的各種神經系統上的負擔。這個替代的神經迴路的認知反應也許不像年輕人的認知反應那麼聚焦、全力衝刺、有效率，但是這個鷹架可以讓高齡者在逐漸老化的過程中，即使前額葉被過度激活，甚至連「腹側」和中間的顳葉、枕葉都一起活化時，都能夠維持高水平的認知功能。最重要的是，「補償式」的認知鷹架系統和個體的經驗有相當高的相關性，對於個人習得經驗已達到「統整階段」的高齡者，更具意義。例如，學習新事物、透過運動提升心血管功能、全心投入心智性

活動、認知訓練等，都可以協助大腦重新建立一個有效的、新的認知鷹架，以維持高水準的認知功能，同時彌補因為大腦結構和網絡系統功能逐漸下降所造成的認知功能不足。

　　Park 和 Reuter-Lorenz 更強調，根據研究，這種認知鷹架的形成，並不是高齡者所特有的認知神經補償模式，而是每一個人的大腦神經系統終其一生持續進行的更新作用。Park 和 Reuter-Lorenz 認為，STAC 模式的形成是個體為了適應生理的變化、外界環境的改變所必須進行的一種「調適作用」（adaptation）。因此，為了回應個體在不同生命期程所面臨的大腦生理變化，人類的大腦終其一生都必須透過學習以進行鷹架的更新。這個鷹架的更新也遵循著「後進、先出」（last in, first out）的原則。根據研究，人體神經系統中最晚發展成的部分，在個體老化階段會最早開始退化。例如，人體的「聽覺」功能在胎兒五個月時就已經發育成熟，在個體老化過程中，退化的時間也較晚；至於個體的「視覺」發育成熟時間較晚，因此視覺退化的時間相對較早（Raz, 2008），這項神經系統的生理現象值得高齡教育學者深入學習和探究。

三、大腦額葉皮質在認知老化過程中的角色與功能

　　大腦老化的過程是非常多元性的，大腦的組成除了不同的神經細胞（neuron），還包括負責神經元修復，負責支持神經細胞的各種膠質細胞（glial-cell），以及各種大小血管。一般而言，人體組織的老化和化學變化，大約從中年期的晚期開始，有些人則是 70 歲以後才開始有老化情形。隨著大腦的老化，各種神經細胞都有可能減少或降低功能，例如，下視丘的神經細胞通常不會減少，但是黑質部分的神經細胞卻很容易損傷或減少。神經細胞減少比例最高的部分是負責情緒和長期記憶功能的邊緣系統中的「海馬迴」。根據研究，人體到了中年以後，海馬迴部分每十

年大約損失 5% 的神經細胞。另外，因為自然老化、病變或外傷，神經元之間會逐漸布滿受傷的蛋白質碎片，造成所謂的「神經細胞纖維纏結」（neurofibrillary tangles），都會影響個體的認知記憶功能和情緒調適能力。

　　不僅影響認知功能的因素是非常多樣化的，高齡者認知功能退化的情形也有不同的程度與樣貌。最近的神經認知科學研究，普遍認為大腦在老化過程中，大腦白質會逐漸減少，其中減少最多的是「前額葉皮質區」，其次為「中央顳葉皮質區」（Dickerson et al., 2009; Hedden & Gabrieli, 2004）。

　　多數的神經認知研究都認為大腦前額葉是執行認知中央執行功能的主要部位，根據「額葉老化的假設」的實證性研究，和大腦額葉區相關越密切的認知功能（如圖 5-2），越依賴大腦額葉的認知運作機制，越容易隨著年齡增加而下降；相反的，和額葉功能相關性較小的認知功能，比較不受年齡的影響。此外，各種高齡者因年齡增加而退化的認知功能，幾乎都是由大腦額葉皮質所控制的認知功能，因此高齡者和年輕人的認知功能差異，通常都是肇因於大腦額葉功能的衰退。這些認知功能不僅和年齡息息相關，而且都是屬於「目標導向」（goal-directed）的認知策略，這類認知運作都屬於中央執行功能（Cappell et al., 2010; Parkin & Walter, 1992; Reuter-Lorenz & Park, 2010）。

　　以認知功能而言，大腦額葉皮質除了負責個體情緒註冊、各種抽象思考記憶等認知整合，也是協助處理短期記憶（或工作記憶）的重要區域。相較於其他認知功能，情緒調適和短期記憶對大腦額葉的「依賴度」較高，因此高齡者的情緒調適能力和短期記憶處理能力都會明顯的隨著年齡增加而降低。其中，高齡者「情緒老化」是目前神經認知科學和高齡學研究者共同關心的主題，將另章討論。

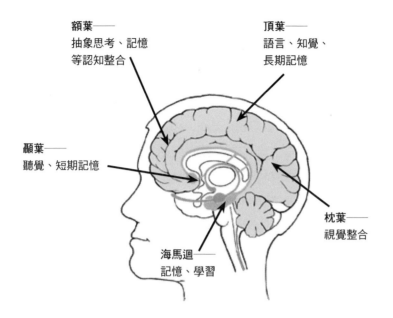

額葉——
抽象思考、記憶
等認知整合

頂葉——
語言、知覺、
長期記憶

顳葉——
聽覺、短期記憶

枕葉——
視覺整合

海馬迴——
記憶、學習

圖 5-2　大腦主要認知功能區

資料來源：修改自 Harriet Greenfield (2002).

不是失智，只是不專注？

　　杜克大學醫學院（Duke University Medical School）的生物精神病學負責人Murali Doraiswamy博士是《阿茲海默症行動計畫》（*The Alzheimer's Action Plan*）作者之一。Doraiswamy認為，我們一下想不起來某些名字與日期，不一定是失智的前兆，可能是我們第一次接觸這些訊息時，就沒有給予充分的關注，沒有將該訊息做恰當的「編碼或存檔」。

　　由於大腦額葉附近布滿了密密麻麻的微血管和動脈的分支，額葉皮質對於因為血液量不足或缺乏的情形非常敏感，因此，除了認知功能的退化，額葉皮質細胞因為缺少水分或血液所引起的功能退化，還包括「淡漠型」（apathetic-type）的憂鬱症狀、大小便失禁等，這些通稱為「額葉－皮質下衰老症」（Roriz-Cruz et al., 2007）。

　　影像學、病理學的研究顯示，除了因大腦損傷所造成的神經組織傷害，一般老化所造成的大腦組織體積消減或神經元喪失，主要發生在大腦的額葉，尤其是在前額葉皮質以及視丘、基底核等與額葉關係密切的大腦皮質下構造。因此，目前研究普遍認為，額葉功能退化是引發「額葉－皮質下衰老症」的主要原因，也是目前認知老化相關研究的主軸。

　　有關額葉功能的研究，是大腦神經生理研究的主軸，目前以「額葉老化的假設」的概念受到最高的重視，也是影響神經認知相關研究的重要假設（Rodriguez-Aranda & Sundet, 2006）。「額葉老化的假設」認為人類的注意力是有限的，因此個體可以自動排除各種非相關的干擾刺激，以幫助個體避免分散注意力，能夠專注於當下所進行的任務，形成一種中樞神經的認知機制。在這個過程中，「前額葉皮質」是最主要的角色，前額葉皮質執行「過濾」（filtering）的功能，可以抑制個體對非相關因素的回應，讓個體可以排除外界的干擾，專注於學習或適應生活的危機（Rodriguez-Aranda & Sundet, 2006; Raz, 2000）。因此，額葉皮質因為年齡增加所造成的損傷主要包括：個體在工作記憶的減退、專注力和注意力不足，以及額葉認知管理功能缺失。至於額葉認知管理功能的缺失，至少包括：認知計劃能力不足、認知彈性不足、認知抑制功能不足，以及大腦自我監控能力的缺乏等。

額葉認知能力退化有哪些先兆？

　　目前研究普遍認為，行為、脾氣或記憶出現變化，都可能是失智症或阿茲海默症患者的早期症狀。

　　2008 年 Raz 針對前額葉損傷者所進行的研究讓「額葉老化的假設」有更完整的證據。Raz 的研究是讓受試者接觸一連串外在的不相關刺激，再觀察受試者在延宕反應上的得分情形。該研究表示，前額葉損傷的受試者無法抑制對外在非相關刺激的回應，因此在延宕反應上的表現不佳。截

至目前為止，學者對於額葉老化假設的研究一致認為：額葉的抑制功能的確會隨年齡的增加而降低，特別是在「背外側前額葉皮質區」，認知功能隨年齡增加而下降的情形格外明顯。

Andrés、Parmentier 和 Escera（2006）也曾經針對「額葉老化假設」進行研究，該研究同樣安排聽覺和視覺的注意力干擾實驗，瞭解這些干擾因素對不同年齡組受試者注意力的影響程度。該研究安排持續的干擾聲音和標準化聲音同時持續出現，以瞭解這些干擾聲音對於受試者對視覺刺激回應的影響程度，進一步瞭解這些干擾聲音對受試者所產生的困惑程度。Andrés、Parmentier 和 Escera 的研究結果完全支持 Raz 在 2008 年所提出來的研究結果，亦即：年長的受試者比年輕受試者更容易受到外在聲音或影像的干擾，因而影響年老受試者的專注程度。

為了證明「額葉老化假設」的概念，義大利學者 Isellaa 等人（2008），以「愛荷華賭局作業」（IGT）為研究工具，瞭解個體的「決策能力」和年齡的關係。該研究認為，「決策能力」（decision making ability）是額葉最重要的認知功能，因此額葉的認知決策功能也應該會隨著年齡增加而下降。該研究結果發現，受試者的決策能力的確隨著年齡增加而有明顯退化的情形，而且其決策能力退化的比例和受試者因為神經細胞損傷所導致的認知功能缺失相近。儘管年長受試者的動機和年輕受試者沒有明顯差異，但是年齡較大的受試者在「注意力」的維持上，的確不如年輕組別的受試者。Isellaa 等人因此建議，「注意力」或「專注力」的維持是高齡認知功能的預防或促進的首要任務，高齡相關教育規劃者除了要瞭解個體在正常老化過程中，自我決策能力的退化情形，也必須提醒或指導年長者如何保持較長時間的專注力，可以有效避免額葉功能老化的速度。

有關「額葉老化假設」的研究通常採用聽覺干擾或視覺干擾類型的測驗，以瞭解個體排除外在不相關（irrelevant）訊息或刺激的控制能力，藉此評估個體外在不相關刺激干擾下的專注程度，這些測驗通稱為「額葉執行能力測驗」（frontal executive tests）。常用的「額葉執行能力測驗」

包括視覺類型和聽覺類型測驗。

1. 視覺干擾類型測驗：

(1) 威斯康辛的卡片分類測驗（Wisconsin Card Sorting Test, WCST）。

(2) 各版本的語詞流暢任務（Verbal Fluency Tasks）。

(3) 史崔普的顏色命名測驗（Stroop Color and Word Test），也稱為「色字測驗」。史崔普的顏色命名測驗是一種心理測驗，透過測驗瞭解個體的認知反應時間，稱為「史崔普效應」（Stroop Effect）。測驗方式是將某一種顏色印在任何一種不同顏色的背景上，請受試者說出該顏色的真正名稱。其中，背景顏色就是一種干擾刺激，受試者必須在最短的時間內，排除背景的干擾，判斷並說出正確的顏色名稱，藉以瞭解受試者對於外在不相關刺激的控制能力（http://en.wikipedia.org/wiki）。

2. 聽覺干擾類型測驗：

(1) 魏氏成人智力量表的數字倒退分量表（Digits Backwards Subtest of the Wechsler Adult Intelligence Scale-Revised, WAIS-R）。

(2) 瑞氏複雜圖形測驗（Rey-Osterrieth Complex Figure Test）。

大腦額葉在個體認知老化的過程中，扮演非常重要且特殊的角色。根據「額葉老化假設」，額葉的認知功能包括：工作記憶、語詞表達、專注力和心智的決策能力和控制。在大腦老化過程中，高齡者的額葉一方面要補償顳葉在記憶功能上的不足，一方面要抑制個體對負向情緒刺激的反應，才能適應日常生活或社會活動。但是，為了完成上述兩種認知功能，高齡者的額葉皮質必須付出相當高的代價。

首先，隨著年齡增加，顳葉皮質的功能會逐漸下降，為了適應日常生活和社會情境，高齡者的額葉皮質或自動補位，以發揮它的認知整合功能。但是，這種調節補位結果會影響額葉對視覺整合認知的協調角色，造

成個體枕葉區和腹側視覺區的活化不足長期補位。長期調節補位的代價則是造成大腦認知功能分化的不足，以及大腦神經網絡逐漸缺乏彈性，其影響機制如**圖** 5-3 所示。

　　至於高齡者為了適應高齡生活、提升生活的滿意程度，在情緒調適普遍存在的「正向效應」，讓高齡者傾向針對正向或情緒刺激給予回應，抑制個體對負向情緒刺激的反應，也是一種「認知抑制」。長期的認知抑制，則會傷害個體原有的認知功能，讓額葉無法發揮它原有注意力維持、認知管理等功能。其代價是個體生活自理能力下降、專注力不足，造成自我決策能力的退化，甚至無法管理自己的財務（Rodriguez-Aranda & Sundet, 2006），如**圖** 5-4 所示。

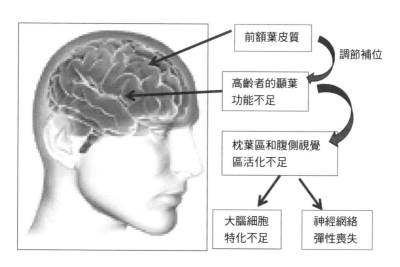

圖 5-3　**大腦額葉調節補位機制**

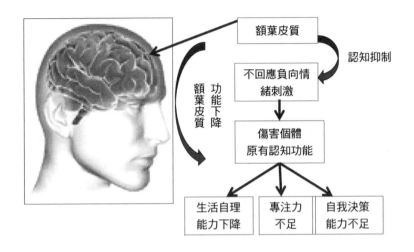

圖 5-4　大腦額葉認知抑制的代價

　　根據「社會腦」的概念，個體為了生存、適應生活環境，人類的大腦會依照所處的情境自我調適，達到平衡、和諧運作，其中，大腦額葉皮質區是個體思考、認知、決策的總指揮。因此，高齡者額葉皮質功能隨年齡衰退的情形包括：工作記憶減退、專注力不足、認知計劃能力不足、認知彈性逐漸降低、認知抑制功能不足，以及大腦自我監控能力的缺乏等。值得高齡教育工作者、高齡機構服務人員和照顧者深入瞭解，並納入照顧服務的工作項目。

自我評量

1. 目前神經認知老化相關研究主要包括哪四個構面？試著描述這四個構面的重要內容。

2. 面對個體老化的事實，人類的大腦神經會呈現幾種主要的神經生理特質，包括：左右腦功能不對稱現象之遞減、大腦細胞特化不足的情形、前額葉皮質的認知補償作用和神經網絡彈性的不足。試著各舉一個日常生活的實例說明。

3. 人類大腦的「前額葉皮質」在認知老化過程中，扮演什麼樣的角色？主要的功能有哪些？

4. 「額葉老化假設」的主要內涵是什麼？「額葉老化假設」對高齡教育工作者有哪些啟示？

Chapter 6

情緒老化的積極意義

正如身心醫學的先驅 Deepak Chopra 博士所說的:「身體不是一部沒有心的機器,人類的身與心是一體的。」人類的情緒有其生理基礎,情緒會受到大腦變化和體內各種生化作用影響,情緒也會改變大腦的結構。著名的大腦認知科學家 Nancy Andreasen 博士,在《美麗新腦:如何在基因時代戰勝心理疾病》(*Brave New Brain: Conquering Mental Illness in the Era of the Genome*)書中表示,決定一個人是否會罹患憂鬱症、躁鬱症等心理疾病,可能因素包括:基因、病毒或有毒物質侵入、營養攝取、出生時受到傷害、個人生活經歷等。這些因素彼此間也會產生交互作用,進而造成大腦結構和功能上的改變,包括腦功能的退化、腦內的生理化學變化、個人的心智功能的改變等,都可能和個體的情緒狀態息息相關(Andreasen, 2004)。個體的情緒有著驚人的影響力量,隨著大腦研究科技的進步,人類可以觀察到個體在不同情緒、不同心理狀態下的大腦生理反應,因此,情緒狀態和情緒調適能力對個體認知的影響越來越受到重視。然而,針對高齡者的情緒調適能力進行探究,則遲至最近幾年才開始。

一、揭開高齡者情緒老化的神秘面紗

從 2011 年開始,1946 年出生的第一屆「嬰兒潮」族群,即將邁入 65 歲,正式加入高齡者族群,成為「新高齡者」的生力軍。面對這個即將到來的、嶄新的「老人潮」世代,政府和社會大眾都必須對高齡者有全新的認識和對應態度,才能適切引導各種老人社會服務或福利政策的制定與執行。然而,目前國內民眾對於高齡者的情緒和心理特質的瞭解仍然非常有限,因此產生許多刻板化的高齡者社會形象,甚至誤解高齡者在情緒老化過程中所傳達的意義。例如,因為不瞭解高齡者前額葉在大腦老化過程中的改變,對高齡者害怕吵雜環境、性格改變等現象有所誤解。事實上,社會大眾對於高齡者的印象,多數來自媒體的報導,媒體報導為了彰顯新聞

的特殊性，多數報導都將高齡者形塑為「弱勢的」、「需要人幫助的」、「需要同情的」、「返老還童或老小孩」（邱天助，2007；Slevin, 2010）。

上述高齡者的負面刻板印象並沒有受到多數高齡者的認同，筆者在高齡團體引導和互動過程中，經常發現許多高齡者對各種老人負面形象的抗拒情形。Glendenning 和 Stuart-Hamilton（1995）兩人因此提醒我們：社會常稱高齡者為「第二童年」並不適當，高齡者某些幼稚化的行為並不是高齡者智能退化，而是高齡者思考上的改變，例如，因為權力的喪失變得無助、依賴他人；想獲取家人的重視變得無理取鬧等。但是，如果這些思考上的改變逐漸幼稚化或惡化，便可能影響高齡者認知功能的發展，值得我們重視。

國內高齡者的研究普遍重視高齡者生活幸福感、生活滿意度等研究主題，比較偏向「社會文化」領域的研究（全國碩博士論文資訊網，2012）。因此目前有關高齡者情緒在個體老化過程中所產生的變化，仍然以國外的研究較多。Scheibe 和 Carstensen（2010）彙整過去二十年來的相關研究發現，高齡者在 70 歲以後，幸福感會隨著年齡的增加而增加，直到臨終的前一段時間，這種幸福感才會快速下降。因此 Scheibe 和 Carstensen 表示，儘管個體的認知功能和記憶會隨年齡的增加而下降，但是個體的「情緒調適」（emotion regulation）能力卻受益於年齡。亦即，高齡者的情緒調適能力和年齡呈正相關，因此高齡者比年輕人更容易擁有生活的幸福感。至於，高齡者情緒調適的目的、過程、情緒調整的機制為何？這種情緒調整機制對老人的生理認知功能有沒有影響？則是近年來各國神經認知科學研究者普遍關心的議題。學者們普遍認為：透過對高齡者情緒調適機制的正確認知，才能提供高齡者真正符合他們需求的社會服務或學習規劃。

二、情緒調適的生理基礎

　　根據神經生理學的研究，人類的情緒並不是一種「感覺」，而是一組來自身體的、能夠幫助個體生存、遠離危險的機制（洪蘭譯，2002）。人類的情緒其實很像顏色——只有幾個主要的顏色，但是也可以混合主要顏色而得出無數混合的不同顏色。一般而言，不外乎厭惡、恐懼、焦慮、憂傷、憤怒和父母親子之愛等等。不管多複雜，這幾種情緒都是所有動物共有的。多數的情緒並不需要意識成分，因為情緒大部分與杏仁核有關。

　　人類的大腦從外表來區分，主要分為額葉、顳葉、枕葉和頂葉，其中「額葉」和「顳葉」與個體的認知功能的規劃與執行、長期記憶的質和量關聯最為緊密。「顳葉皮質區」是個體處理記憶的主要區域，至於「前額葉皮質區」除了負責抽象思維、認知的規劃與執行，也是個體情緒得以「意識化」的地方（如圖 6-1）（洪蘭譯，2002；Zillmer, Spiers & Culbertson, 2008）。個體的情緒刺激在邊緣系統的杏仁核註冊，至於情緒意識的處理則分為兩種：一種是直接途徑，從杏仁核將情緒刺激送到前額葉皮質區；一種是間接途徑，情緒經下視丘，由下視丘分泌荷爾蒙，由血液送往全身細胞，引起各種肌肉和內臟的反應，如心跳加快、血壓升高等，這些反應再回饋到感覺皮質區，最後送往前額葉，由前額葉皮質區整合並加以解釋為一種「情緒」。

　　知名的哲學家 Paul Griffiths 將人類的情緒分為三大類：基本情緒、文化情緒以及高層次的認知情緒，他認為「高層次的認知情緒」比基本情緒牽涉更多大腦皮質層的運作功能，比基本情緒容易受到意識思維的影響，因此更具有文化差異性（Evans, 2001）。情緒中心位於「邊緣系統」，是由大腦邊區、下視丘和腦下垂體三個部分所形成（如第二章圖 2-8）。但是情緒的反應不是由邊緣系統獨自操控，而是由邊緣系統和大腦前額葉皮質共同控制。邊緣系統和大腦前額葉皮質的通路是雙向的，只是從邊緣

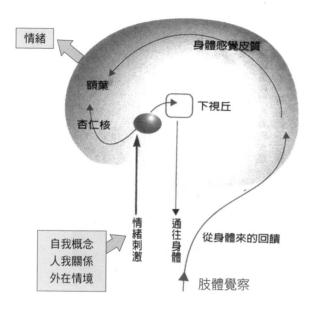

圖 6-1　個體引發情緒的機制

資料來源：修改自洪蘭譯（2002）。

系統到皮質的神經流量，比從皮質往下傳遞的流量大（如**圖 6-2**），這表示，大腦的情緒部分對人類行為的影響比理性部分大，即使沒有身體的回饋，情緒的反應也會受到影響。例如，心痛時會有喉嚨沙啞、頸部痛等身體僵硬的情形，都反映了身體和情緒之間的緊密關係。

情緒處理模式，男生、女生不同？

　　血清素可以使自律神經處在平衡狀態，當大腦中血清素濃度降低，男人選擇逃避、藉酒消愁；女人則選擇哭泣、分享情緒。

皮質的認知中心

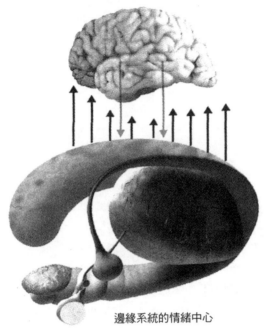

邊緣系統的情緒中心

圖 6-2　情緒與認知的互動關係

資料來源：洪蘭譯（2002）。

三、高齡者情緒調適的認知運作機制

（一）情緒調適的界定

　　「情緒調適」是指個體樂意並且自動採取某種策略來處理情緒，因應個體內外的情緒壓力，達到維持身心平衡的效果，同時也能適切處理他人的情緒，以激勵他人或者維持良好的人際互動關係。情緒調適可以引導個體朝向更適當的心情狀態，對個體身心健康的維持與促進都扮演著重要

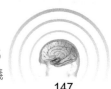
的角色，因此情緒調適是個體「情緒智力」（或稱為情緒智商）的主要因素之一（Mayer & Salovey, 1997）。學者們對於情緒調適的研究通常採取三種觀點，包括「歷程觀點」、「能力觀點」以及近年受到重視的「整合觀點」。

「歷程觀點」認為情緒調適是個體調節情緒的整個歷程，包括監控、評估和修正反應的內在與外在歷程，例如取得各種因應的資源、調整環境以符合情緒的需求（Thompson, 1994）。「能力觀點」則認為情緒調適是個體的一種智能，主要包括三個層面：情緒的評估與表達、情緒調節，以及情緒的運用（Mayer, Dipaoli, & Salovey）。至於「整合觀點」則認為，情緒調適既是一種歷程，也是個體所擁有的一種能力。

近年來由於神經成像研究技術的發展，學者對於情緒調適的研究多數採取「整合觀點」（江文慈，1999；Reuter-Lorenz & Park, 2010），有關情緒調適的相關研究已經不再只是一種社會研究議題，而是一種整合性的研究。國內江文慈的研究將情緒調適的內涵整合為五個因素，包括：情緒的察覺、情緒表達、情緒調整策略、情緒反省、情緒效能等。Reuter-Lorenz 和 Park 等人則採用大腦神經認知科學研究方法，以瞭解個體情緒調適過程中所發生的神經認知反應，並藉此說明個體心理和神經認知機制的相關情形。因此，Carstensen 和 Charles 等人依據「整合性」觀點，將「情緒調適」界定為：「個體面對不同情緒刺激時，在神經認知功能上所發生的一連串歷程」（Carstensen & Mikels, 2005; Charles, Carstensen, & Mather, 2003）。Carstensen 和 Charles 等人的研究也表示，透過自我陳述（self-report）的方法，個體的情緒處理能力會隨著年齡的增加而提升，所以特別重視高齡在情緒調適「正向效應」功能上的維持，以及「負向偏執」（negative bias）的減低。本文所指的情緒調適，即根據 Carstensen 和 Charles 的「整合性」觀點，主張高齡者的情緒調適既是高齡者一種智能的展現，也是高齡者面對不同情緒刺激時，在神經認知功能上所發生的一連串歷程。

(二)高齡者的情緒智商是一種發展智商

Gene D. Cohen 是《認同與生命週期》（*Identity and the Life Cycle*）[1] 的作者艾瑞克森（Erik H. Erikson）的學生，他繼 Erikson 之後提出「發展智商」（Developmental Intelligence）。Cohen 透過三千多位年長者的訪談，肯定人類的心理發展是終身進行的，他認為「內在推力」（inner push）是推動發展的燃料，會與熟年大腦的變化產生協力作用，使得老年人持續保持健全的心智和情緒功能，擁有更融洽的人際關係，展現嶄新的智能成長。

Cohen 認為發展智商目的是展現個人的獨一無二的潛能，一個人發展智商很高，表示他很清楚自己的心智發展狀態，發展智商所表達的是個體當下的發展狀況，而不是對未來的推估。發展智商是一種認知能力、情緒智商、判斷力、社交技巧、生活經驗、自我意識，以及這些能力融合至成熟的境界。發展智商也可以稱為「智慧」，這種高階思考包括三種思考方式：

1. 相對性思考：或稱為辨證思考，包括分析相異或相反的觀點。
2. 二元思考：個體能夠在對立或不相容的觀點中發現解決方案。
3. 系統性思考：個體可以用更加寬廣的視野來考慮整個系統的相關知識或情境。

---

[1] 艾瑞克森所提出來的八個心理發展階段，已經由他的遺孀Joan M. Erikson所發表的《生命週期完成式》（*The Life Cycle Completed*），加入80歲「極老期」（Old Age）後，成為九個發展階段，即：(1)嬰兒期（Infancy）：信任／不信任；(2)幼兒期（Early Childhood）：活潑自動／羞愧、疑惑；(3)學前期（Play Age）：自動自發／內咎；(4)學齡期（School Age）：勤奮／自卑；(5)少年期（Adolescence）：認同／角色混淆；(6)成年前期（Young Adult）：親密／孤立；(7)成年期（Adulthood）：創建／停滯；(8)成熟期（Mature Age）：融合圓滿／絕望、厭煩；(9)極老期（Old Age）。Joan M. Erikson是將第八階段的危機倒轉，成為第九階段的發展任務。

　　高齡者越瞭解自己、自我的動機以及可能面對的挑戰，越能自行啟動大腦和心智，讓思考和決策能力從旁協助我們的「內在推力」。相較於傳統發展心理學家重視各階段「危機解決」的重要性，Cohen 認為高齡者的發展不應該受限於發展的階段。Cohen 認為，隨著個人內在的推力和生命事件的交互作用，各發展階段可能會相互消長，彼此重疊。

　　Cohen 將 Erikson 的「成熟期」完整細分為四個成長發展時期，如**表 6-1**。

　　Cohen 所提出的「發展智商」的概念，讓我們對中高齡者的情緒調適，有更開闊的觀點。其中，「解放階段」有時稱為「第二童年」，不是指高齡者智能的下降，而是一種思考方式的改變。至於「總結階段」大約

表 6-1　Erikson 的成熟期所包括的四個成長發展時期

階段	相對年齡	發展任務
中年重評估階段	35～65 歲之間（以 40～60 歲為主）	1. 重新評估、探索生命的過渡期。 2. 面對生命中有盡頭的事實。 3. 個體的行動力來自有意識的追求。 4. 大腦的變化可以激發「發展智商」。
解放階段	55～75 歲之間（以 60～70 歲為主）	1. 思考和行為的解放、實驗和創新。 2. 反思意識引發內在的解放感（不必向任何人證明任何事情）。 3. 可按照自己的自由意識行動。 4. 大腦形成新的連結渴望新奇經驗。 5. 因退休有時間追求新經驗。
總結階段	70～90 歲之間（以 70～80 歲為主）	1. 汲取精要、解決問題與回饋。 2. 希望分享自己的智慧。 3. 透過計畫與行動、尋求生命意義。 4. 左右腦海馬迴同時運作，可完整闡述人生經歷。 5. 渴望解決未完成的衝突或事情。
安可階段	80 歲到生命盡頭	1. 延續、反省與慶祝。 2. 渴望重新肯定人生的重要主題。 3. 杏仁核可引發正面的情緒和活力。 4. 渴望充實的活到最後一刻。

資料來源：李淑珺譯（2007）。

是人生 70～90 歲的階段，此階段大腦海馬迴中的樹突數量增加最多、密度最高。對中高齡者認知促進課程規劃是一種極大的鼓舞，也是未來政府在進行高齡者「教育照護」（educare）規劃時的重要參考資料。

（三）高齡者情緒調適的理論基礎

學者對於高齡者情緒調適的研究，主要建立在幾種理論基礎上，包括「生命全程理論」（Life-Span Theory）、「補償理論」（Compensatory Theory）以及「社會情緒選擇理論」（Socio-Emotional Selectivity Theory）等。其中，「生命全程理論」的高齡情緒老化相關研究認為，隨著年齡的增加，高齡者對於環境的掌控能力會逐漸下降，因此影響高齡者的情緒處理能力。「補償理論」的研究觀點則認為，高齡者情緒調適所展現的歷程，主要是一種因應生活的補償作用。高齡者在情緒調適上所展現的補償作用，主要在利用個體有限的資源，追求最佳的能力展現（Baltes & Staudinger, 2000）。例如，Heckhausen 和 Schulz（1995）的研究即是一種補償理論的觀點，Heckhausen 和 Schulz 兩人表示，高齡者所展現的「情緒調適」能力，是高齡者「第二控制策略」（secondary control strategies）的運作結果。當高齡者感覺到自己的能力受到限制時，除了接受自己認知功能逐漸下降的事實，會試著改變自己的情緒表達方式，以適應特定的環境，並減少挫折感與負向情緒的察覺。

至於，「社會情緒選擇理論」的研究觀點，則受到最多高齡學研究人員的重視。社會情緒選擇理論與個體的「動機」有關，是一種生命全程的觀點。認為個人的「時間觀點」（time perspective）是決定個體動機和目標設定的主要因素，該理論認為個體對自己在生命全程中所剩餘的時間有一種意識和潛意識的覺察，個體因此可以察覺到自己在時間或社會空間上的疆界（boundary）。根據Carstensen、Isaacowitz和Charles（1999）等人的研究，個體對時間的察覺上，不只是對日常時間流逝的察覺，也是對

個人生命時間的察覺。這種察覺會影響個體的選擇，進而影響個體的目標設定、自我規劃、社會參與和行為表現等，因此，目前該理論最常作為高齡者情緒調適相關研究的理論基礎。例如Carstensen等人曾經根據社會情緒選擇理論，探討高齡者在情緒調適上的發展軌跡，以瞭解個體因為年齡增加，在情緒調適能力上的增加情形（Carstensen & Fredrickson, 1998; Carstensen & Mikels, 2005; Charles, Carstensen, & Mather, 2003）。Burnett-Wolle和Godbey（2007）則根據社會情緒選擇理論，探究高齡者休閒活動的規劃和選擇情形，這些研究設計，都非常重視個體「時間觀點」與情緒調適能力的展現和歷程。

（四）情緒與高齡者的認知功能

隨著科技的進步，人類對大腦神經生理結構的瞭解讓我們對人類的認知和情緒之間的關係有更深入的理解。人類的「邊緣系統」是掌管人類情緒的主要區域，邊緣系統內「海馬迴」則是掌管人類記憶的關鍵區域，因此情緒對人類認知功能的影響愈來受到重視，也是成為神經認知研究的主流。

情緒對高齡者認知功能的影響程度一直是許多神經認知科學家持續探究的問題，儘管科學研究工具推陳出新，人類對於大腦認知結構與功能的瞭解仍然有限。截至目前為主，有關情緒對認知功能的影響主要有兩種不同的觀點取向：(1) 認知的「補償假設」（compensation hypothesis）的觀點；(2) 工作記憶的「認知—情緒交易」（cognitive-emotional trade-off）觀點（Mammarella & Fairdield, 2010）。

所謂「補償假設」的觀點認為，情緒調適過程和功能不會因為年齡增加而降低，因此可以彌補高齡者認知功能的不足。因此只要在外在訊息具有情緒特質，可以幫助高齡者的認知功能和記憶。工作記憶的「認知情緒交易」觀點則認為，隨著個體年齡增加，高齡者在處理工作記憶時，

會主動的尋求情緒性資源;但是,這也許就是高齡者認知老化的原因之一,Mammarella 和 Fairdield 認為,這是一種神經認知和情緒之間的交易行為。無論是補償觀點或交易觀點,都證明了隨著年齡增加,個體的認知和情緒之間,都有重要的互動和互補關係。至於不同高齡者的智能發展則呈現高度的異質性,例如,不同的生活經驗、不同的生活環境和基因,都會影響老年人不同的智能發展。

(五)男、女性認知與情緒處理模式的比較

男性和女性高齡者的認知機制也有明顯的差異,例如,面對情緒問題時,女性高齡者大腦(即新腦)的皮質區活化較多,男性高齡者則多數使用中腦的海馬迴。在認知老化過程中,大腦的損傷情形也不完全相同,女性高齡者因新腦皮質區比較容易損傷,罹患失智症的機會是男性高齡者的 1.5 倍。此外,男性高齡者的聽力較不敏感。在活動規劃時必須留意,避免造成高齡者心理上的挫折感。

儘管「性別」不是影響高齡教育或高齡健康照護的關鍵因素,但是由於男女生在大腦結構上的明顯差異,男女生從嬰兒時期開始,在學習、認知和行為表現上都有相當大的差異,這些差異同樣會影響高齡者的學習和認知,使得男女高齡者在認知老化過程中展現許多不同的特質。目前,各種中高齡相關活動或課程,包括社區大學、志工團體訓練課程、老人大學、樂齡大學、樂齡學習中心的研究報告或評鑑報告書,可以發現,男性學員參與比例太低、男女性學員比例懸殊,都是因為規劃者或教學者不瞭解男女性大腦構造的差異性。

男女性的大腦結構有非常多的差異存在,著名的美國心理醫生Leonard Sax 博士,他根據多年的研究和臨床經驗,指出男女生在大腦結構上的差異,每一個大腦結構差異都會造成男女生不同的學習樣態或行為習慣(洪蘭譯,2006)。同樣區位的大腦創傷,對男女性生活適應行為的

影響不同，因此高齡教育工作者必須對大腦構造與功能有基本的認知。本小節只比較和個體認知和情緒處理相關的結構差異和功能。

男女有別，腦不同？

女性　　　　　　　　　　　　男性

胼胝體

大腦前
連合
中間質

前視覺
內側區

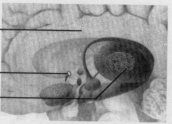
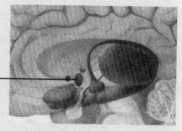

男女性大腦邊緣系統結構上的主要差異

資料來源：摘自洪蘭譯（2002）。

男性、女性大腦差異性比較

男性腦	女性腦
• 位於前視覺內側區的下視丘 1NAH3 神經核，比女性的大 2.5 倍。對男性荷爾蒙敏感的細胞數量最多。 • 胼胝體、中間質和大腦前連合的厚度較薄，個體在處理複雜的心智活動時，通常只利用最適合的一邊大腦，因此較為專注，不易分心。 • 大腦老化過程中，較容易失去額葉和顳葉的神經細胞。因此年長男性容易有易怒或人格改變的情形。	• 胼胝體、中間質和大腦前連合都比較大或肥厚，因此較偏重情緒的右腦可以和左腦有較多聯繫。 • 進行大腦活動時，通常同時喚起兩邊大腦一起工作，做決定時常將各種問題納入考量，雖然視野較廣，做決定時較為周延，但卻容易分心。 • 兩邊的視丘較緊密連結，因此比較容易察覺到自己和別人的情緒。 • 大腦老化過程中，容易失去海馬迴和頂葉細胞，因此年長女性容易迷失方向或健忘。

◆男女生視網膜組織層次的比較

男生和女生在許多方面都有不同的表現，一般人提到男女生的大腦結構差異通常都只提到「杏仁核」的差異，事實上，男女生視網膜細胞結構和數量的差異的影響更為明顯。例如，男嬰對「會動」的東西比較感興趣，女嬰則對人的臉比較有興趣；作畫時，男孩喜歡畫動作，喜歡用黑色、藍色或銀色作畫，女孩則傾向用紅色、橘色、綠色和淡米色作畫。這些差異都源自於人類視網膜細胞和數量的差異，這些都源自於男女生大腦設定的不同。

人類視網膜是眼球的一部分，視網膜有許多層的細胞，其中一層稱為「感光細胞」，外界的視覺訊息必須透過感光細胞，往上傳送到神經節細胞。人類的感光細胞分為「桿細胞」和「錐細胞」，和「桿細胞」相連的節細胞較大，稱為「巨細胞」，遍布整個視網膜。巨細胞主要是偵測動作，追蹤移動中個體，主要視覺認知功能是個體的動作和方向。和「錐細胞」相連的節細胞則較小，稱為「小細胞」，小細胞多數集中在「中央小窩」的位置，主要認知功能是外界訊息顏色和質地的判斷（洪蘭譯，2006）。

男生和女生的視網膜細胞排列差異很大，首先，男生的視網膜比女生厚很多，因為男生的視網膜充滿了巨細胞，女生的視網膜則主要由厚度較薄的小細胞構成。光是單純的視網膜構造差異就造成男女生在視覺上的不同認知特質，自然影響男女生的認知模式。到了中高齡時期，認知老化也自然會呈現不同的特質。整理如**表** 6-2。

上述的比較可以發現，女生喜歡和別人互動、喜歡小組討論的學習模式，男生則否。因此目前包括社區大學、老人大學、樂齡大學、樂齡學習中心等高齡團體的參與，都出現男女性別比例懸殊的情形，除了課程規劃上偏向手工藝術品製作、語言表達，主要是因為這些學習多數是採用小組討論、小組分享等學習策略，比較符合女性大腦特質的學習傾向。

表 6-2　男女生因視網膜構造差異所造成的認知特質比較

構造與特質	男性	女性
視網膜構造	充滿較厚的巨細胞	多數為輕薄的小細胞
視覺偏向	偵測物體的動作和方向	注意物體的顏色和質地
色彩偏好	喜歡動作類的圖案，作畫時喜歡畫動作，例如火箭、汽車，傾向用黑色、藍色或銀色作畫	偏好人物、玩偶等具象的物體。作畫時喜歡畫名詞類的圖畫，例如人像、寵物，並傾向用紅色、橘色、綠色和淡米色作畫
視覺訊息的傳送	後頂葉皮質區	下顳葉皮質區
對方向的學習	進行方向感認知時，多數使用「海馬迴」來學習	進行方向感認知時，多數使用大腦皮質，「海馬迴」的活化不明顯
對方向的陳述	說明地圖時，多數使用絕對方向和絕對距離來說明。例如往前走 300 公尺，向右轉再向左轉……	說明地圖時喜歡用看得見的物體為地標。例如往前走，看到麥當勞以後左轉，看到三商巧福後再右轉……
認知老化的特質	失智症初期的損傷以顳葉為主，接著才是額葉和枕葉。因此男性失智症者，頂葉不易退化，空間認知感較晚退化	女性失智症者，通常在罹患初期顳葉就有較多的損傷。到了後期，類澱粉斑塊擴及頂葉，空間認知感就容易受到損傷

◆男女生杏仁核情緒註冊功能的差異

如上節所述，個體的情緒刺激在邊緣系統的杏仁核註冊，一方面可以從杏仁核將情緒刺激送到前額葉皮質區；一方面可以經過下視丘，由下視丘分泌荷爾蒙，引起各種肌肉和內臟的反應，再回饋到大腦皮質區並送到前額葉解釋為一種「情緒」，是一種間接途徑。因此，「杏仁核」是個體的情緒處理中心，特別是面對負向情緒時，杏仁核的活化情形更加明顯。

但是男女生在情緒註冊、解釋的發展過程並不相同，孩子年紀還小的時候，從情緒中心「杏仁核」到大腦皮質的連接並不完全，因此面對負向情緒的處理多數由杏仁核來掌控，是一種直接的情緒處理模式。到了13、14 歲青春期階段，女性青少年處理負向情緒的中心會由杏仁核轉移

到大腦皮質區；男性青少年則仍然以杏仁核為情緒中心。因此，日常生活中，男性青少年普遍比女性青少年衝動、容易打架鬧事，都與杏仁核的情緒處理機制有關。

◆男生天生聽力差容易被貼標籤

在實際的中小學教學現場中，女性教師常常會抱怨某些男學生喜歡大聲嘶吼、缺乏教養、沒有禮貌，碰到一些「觸覺型」的男學生，女性教師所感受到的壓力更大，更容易給這些男學生貼上「不規矩」的標籤。對於女性教師人數偏多的中小學校園，這種情況非常普遍，除了造成各種校園衝突，增加許多校園中輟生，也嚴重影響男性學生的「性別角色認同」，是一個相當大的社會危機。聽力在性別上的差異，提醒我們在課堂上必須有不同的策略。

這些差異也同樣出現在成人或高齡學習，各種對男性的刻板印象，也會影響成人和高齡教育的規劃。事實上，男性和女性的大腦差異，比年輕人大腦和高齡者大腦的差異更大。美國 Georgetown 大學語言學家 Deborah Tannen 的研究已證實，從嬰兒期階段開始，男生的聽力就不如女生。目前已有許多實驗都證實，同樣的聽力治療，女性早產兒因為音樂治療提早出院的比例，比男性早產兒高出許多；進行「大腦聲音反應」（acoustic brain response）時，女嬰對聲音的反應比男嬰高出 80%；而且，隨著年齡增加，男女性的聽力差異會持續加大。這表示，在聽、說的教學績效上，性別因素對學習的影響比年齡更大（摘自洪蘭譯，2006）。

四、情緒與個體認知功能的相關研究

從 2003 年開始就有許多認知科學研究，針對情緒和個體認知功能的相關程度進行研究，其中，又以情緒和「工作記憶」的關係研究最為普

遍，即上述所說的「認知─情緒交易」觀點。以下分別整理和認知的「補償假設」觀點，以及工作記憶的「認知─情緒交易」相關的研究。

（一）補償假設觀點的情緒認知研究

認知的「補償假設」觀點，在探討情緒對工作記憶的影響時，通常是透過正向、中性和負向三種不同刺激，經由不同情緒的價量（valence）和刺激所激發（arousal）的強度，來瞭解個體對不同情緒刺激的注意（attention）情形，以及情緒被激發的程度。至於相關研究所使用的工具則以「國際情緒圖片系統」（The International Affective Picture System, IAPS）為主。「國際情緒圖片系統」是由美國佛羅里達大學（University of Florida）的「情緒和注意力研究中心（Center for the Study of Emotion & Attention, CSEA）所開發出來的研究工具。「IAPS」的相關研究主要在提升心理學研究的信度與效度，提升跨國際與跨文化的研究，瞭解不同文化與社會脈絡下，個體情緒調適發展的不同軌跡。國際有關高齡者情緒調適正向效應的研究，大都以「IAPS」為主要的研究工具。IAPS 所提供的範本圖片共有 20 組，每一組有 60 張照片，包括各種可能引起正向、負向和中性情緒刺激的彩色圖片，全部圖片系統共有 1,965 張圖片（其中有兩張相同的圖片出現在不同組別中），以瞭解個體對不同情緒刺激的注意情形，以及情緒被激發的程度。

該研究中心表示，大腦與情緒有關的動機回應有兩個系統，包括：躍躍欲試（appetitive）的回應和嫌惡或防禦（aversive or defense）的回應，兩者可以說明各種情緒反應的快樂程度，以及該刺激所引起的刺激強度（Lang, 1980; Lang, Bradley, & Cuthbert, 1990）。人類各種情緒的神經系統回應和靈長類一樣古老，都是為了協助個體生存並保護個體免於受到傷害。其中「嫌惡或防禦」的回應系統是為了面對威脅，採取行動，包括一些退縮、逃跑或攻擊等行為；相反的，「躍躍欲試」的回應系統則是為了

現狀的維持、生殖、滋養等，包括攝食、交配、照顧等行為。這些系統是透過大腦的神經網絡完成，是個體身體和自主生理系統參與注意力和行動時，相互協調的結果。動機性的行動和大腦皮質、自主神經有關，至於行為的動作反應程度則有不同的「強度」。因此，「快樂價量」的判斷可以顯示個體投入某種動機系統的量，所展現的是個體對於某種刺激「躍躍欲試」的回應程度；至於「引發刺激」的判斷，可以顯示個體反應動作的強度，所展現的是個體對某種刺激「嫌惡或防禦」的回應程度（Bradley & Lang, 2007）。

由於「圖片」可以呈現實物的視覺特質，因此，圖片可以有效引發個體相關的情緒反應。例如，個體看到圖片中一隻正在吠的狗，會立即產生對狗的情緒反應，根據神經認知科學的研究，「圖片優勢效應」在高齡者的認知反應上格外明顯。因此「國際情緒圖片系統」也經常用來比較不同年齡組的刺激反應程度，「國際情緒圖片系統」（IAPS）也以圖片系統來測量個體的情緒反應。IAPS 對受試者情緒刺激的評量包括三種向度：「工作的價量」、「情緒的激發」和「情緒的控制」（dominance），每一個向度對受試者的反應情形都以「九等第」的方式加以記錄，如圖 6-3 的「自我評量的小矮人」紙筆測驗作答的版本。

1. 工作的價量：從快樂到不快樂（happy to unhappy），該研究評分表最左方的欄位是微笑的臉，代表最快樂；最右方的欄位是嘴角向下、哭喪的臉，代表最不快樂。從左到右共有五種表情，作答者也可以選擇不同表情之間的欄位，代表介於兩種情感之間的情緒察覺，是一種九等第量表。

2. 情緒的激發：從激動到平靜（excited to calm），該研究評分表最左方的欄位是內心幾乎要爆炸的情緒，代表最激動；最右方的欄位是內心平和、不受外界干擾的心情，代表平靜不受刺激的情緒。從左到右共有五種情緒反應，作答者也可以選擇不同表情之間的欄位，代表介於兩種情緒之間的心情，也是九等第量表。

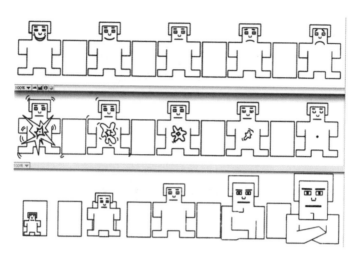

圖 6-3 「自我評量的小矮人」紙筆測驗作答的版本

資料來源：Lang, Bradley, & Cuthbert (2008).

3. 情緒的控制：從被支配到自我控制（dominance to control）。評
分表最左方的欄位是個受到控制的小人，代表受試者受到外在刺
激的支配程度最高；最右方的欄位是雙手交叉、具有控制權力的
樣子，代表受試者可以控制自己的情緒，個人情緒受到圖片的影
響程度最小。同樣的，作答者也可以選擇不同大小矮人之間的欄
位，代表介於兩種情緒之間的心情，為九等第量表。

IAPS 的作答可以透過紙筆測驗版本（Paper-and-Pencil Version），在
「自我評量的小矮人」答案紙上直接勾選。通常配合第 1-6 組的施測圖片
來進行。紙筆測驗的作答用紙（如圖 6-3）的作答版本特別適合兒童或認
知功能較低的受試者作答。受試者在看完圖片後，立即將自己對該圖片的
感覺標示在作答紙上，最左邊的矮人代表情緒刺激最強者，包括最快樂、
引起最多內心的感受或對心情的影響程度最多者，以「9」分計算；最右
邊的矮人代表情緒刺激最弱者，包括最不快樂、內心感受最少的，或者對
心情的影響程度最小者，以「1」分計算；其他分數以此類推。

（二）「認知—情緒交易」觀點的情緒認知研究

　　情緒對工作記憶的影響，是目前認知相關研究的主流，多數都在瞭解情緒對個體老化的影響情形，通常都在強調由下而上的「情緒優勢效應」（emotiomal superiority effect）（Mammarella & Fairdield, 2010）。Christianson 在 1992 年表示，對高齡者記憶有助益的影響因素通常都是在「前段」的知覺和注意階段。亦即，高齡者容易記得具有「情緒性」的資訊，是因為這些訊息具有「事前專注」（pre-attentively）的特質，可變成一種自動化的過程（Mammarella & Fairfield, 2010）。例如，我們在美景佳釀陪伴下度過了一個迷人的夜晚，一定不會忘記這個夜晚；一朵色彩鮮豔、香氣特殊的花朵，會讓我們更容易記得它的名字；和自己相關性較高、度蜜月時所經歷過的城市名稱，特別容易成為長期記憶的一部分。

　　Bower（1992）根據 Christianson 的研究提出進一步的說明，Bower認為，具有情緒性的刺激可以優先進入個體的認知管道，因此容易被保存下來，參與工作記憶的過程。相對的，中性的刺激就不容易成為工作記憶或長期記憶，原因可能是中性刺激比較不容易進入工作記憶過程，也可能是因為這些中性刺激沒有被個體再度喚起，也可能是工作記憶的能力被情緒刺激所占據了。Johnson 在 1996 年所提出來的「圖片優勢效應」，和Bower 所說的「情緒優勢效應」屬於同一種認知策略（摘自 Mammarella & Fairfield, 2010）。其中，彩色圖片對高齡者所引起的認知效應比年輕人

更加明顯。對此，Mammarella 和 Fairfield 提出另一個假設：情緒因素對工作記憶的影響是一種特殊的「調適策略」，是一種由上而下、從整體到細節的調適過程，而且這種調適策略會隨著年紀的增長而更臻成熟，並稱這種認知策略是一種「情緒化的工作記憶」（emotional working memory）。

具有情緒特質的訊息容易進入工作記憶是一種認知的調適策略，對高齡者而言，這種「情緒化的工作記憶」現象更加明顯（Charles, Carstensen, & Mather, 2003; Leigland, Schulz, & Janowsky, 2004）。Carstensen 和 Mikels（2005）的研究分析認為，隨著年齡增加，情緒因素對個體認知效能的幫助越大，主要是因為個體在認知策略上選擇「情緒性的目標」。Carstensen 和 Mather 認為，根據人類生命全程的概念，從時間觀點上來考量，高齡者普遍選擇「情緒處理歷程」的認知模式，是可以理解的。Carstensen 和 Mather 的研究強調人類在生命的最後階段，會傾向將過去重視「認知歷程」的行為模式，轉變為「情緒歷程」的行為模式。近年來，由於大腦成像技術的發展，這些觀點已獲得證實，例如，高齡者面對正向情緒刺激時，「杏仁核」有過度被激活的情形等。

什麼是「情緒優勢效應」？

「情緒老化」的研究普遍肯定高齡者情緒調適的「正向效應」，即高齡者傾向回憶正向的情緒刺激。多位研究者認為高齡者容易記得具有「情緒性」的資訊，是因為這些訊息具有「事前專注」的特質，甚至可以變成一種自動化的認知過程，並稱此為「情緒優勢效應」。

五、高齡者情緒老化機制的重要議題

根據統計，過去十五年來以大腦結構與功能為基礎，有關認知老化的研究數量快速增加，大約成長了 10 倍（Reuter-Lorenz & Park, 2010）。

Reuter-Lorenz 和 Park 認為，主要是因為各種神經科學證據可以清楚地詮釋
目前各種認知老化的特殊性行為，而大腦神經成像的證據可以對過去我們
對大腦所提出的假設進行驗證，上述的神經科學證據讓老化的相關研究有
了新的發展和新的結構，這就是目前所謂的「老化的神經認知科學研究」
（neurocognitive science study of aging）。

截至目前為止，已有許多研究針對老人和年輕人在情緒調適機制上
的差異性進行研究，多數研究結果都呈現個體在情緒老化過程的積極性，
也有部分研究則針對老年人趨向正向情緒的調適機制提出一些提醒，以及
高齡者面對這些現象所必須付出的代價，可提供高齡教育工作者許多寶貴
的參考資料。以下分別整理陳述。

（一）不同年齡個體情緒調適機制的差異性

有關老人情緒調適的研究，多數都在比較老人和年輕人面對不同程
度的情緒刺激的反應強度，Charles、Carstensen 和 Mather 等人都曾邀請
不同年齡的受試者觀看可引發正向情緒的「令人愉悅或開心」的照片，以
及引發負向情緒的「令人生氣或傷心」的照片，再讓受試者回憶並描述這
些照片的內容。結果發現，年齡越大的受試者，對「令人愉悅或開心」的
照片的記憶較為完整，亦即，年齡越長的受試者越傾向針對積極、正向的
刺激給予回應，並稱這種現象為「正向效應」（Charles, Carstensen, Mather,
2003; Scheibe & Blanchard-Fields, 2009; Sullivan, Mikels, & Carstensen,
2010）。

針對上述的實驗結果，Scheibe 和 Carstensen（2010）認為，老人對
正向積極的情緒給予較多的回應，可能是因為老人的認知處理技巧較為熟
練，也可能是老人在情緒處理機制上擁有比年輕人更多的資源。對此，
Heckhausen 和 Schulz 兩人也認為，高齡者所展現的「情緒調適」能力，
是高齡者「第二控制策略」的運作結果。其目的是適應特定的環境，以減

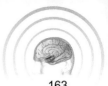

少挫折感與負向情緒的察覺。

Carstensen 和同事們在 2000 年的研究也表示，由於老人比年輕人經歷過更多複雜的情緒刺激，因此當老人面對正向和負向情緒刺激同時出現時，老人比年輕人表現得更為安定、更具容忍力的情緒反應。Keil 和 Freund（2009）的研究則表示，老人面對刺激強度較大的正向情緒刺激時，展現比年輕人更低頻率的愉悅感；面對刺激強度較大的負向情緒刺激時，反而表現比年輕人更多的嫌惡和不耐煩。

針對不同年齡個體的情緒調適情形，Backs、Silva 和 Han（2005）以 21 對年輕和老年人為對象，以「國際情緒圖片系統」（IAPS）的圖片為施測工具，瞭解年輕人和老年人在面對相同的情緒刺激時，可能有哪些不同的情緒反應。研究表示，兩組受試者在看完愉快圖片後的快樂價量反應有明顯差異，但是和常模之間沒有顯著差異。年輕組別的受試者對快樂圖片有較高的情緒激發強度，年長組的受試者對快樂圖片的反應強度則明顯較低。因此建議未來能夠針對年紀較大的個體進行研究，瞭解年長者對情緒控制的程度，同時瞭解老年對正向情緒的歸類或分類情形。

Gallo、Foster 和 Johnson（2009）則以 24 名芝加哥大學學生和 24 名老人為對象，瞭解情緒對個體事件回憶的影響程度。他們利用「國際情緒圖片系統」（IAPS）的 192 張圖片（96 張中性圖片、48 張正向情緒圖面、48 負向情緒圖片）進行施測，同時在每一張圖片的下方加上簡單的說明文字，藉此瞭解不同強度的情緒刺激對個體事件回憶的影響程度，以及受試者對該回憶內容的自信程度。該研究發現，如同過去一些學者的研究，正向和負向的情緒刺激的確比中性情緒刺激更容易喚起個體一些錯誤的或幻覺式的回憶，即使是刺激強度較高的文字描述，都比中性的文字刺激更能引發個體的錯誤回憶或記憶上的扭曲現象。

該研究強調，儘管年輕組或老年組的受試者都有這種情形，結果也沒有發現老年在情緒調適上所謂的「正向效應」情形（Carstensen & Mikels, 2005; Scheibe & Carstensen, 2010）；但是，老年人對自己因強烈情

緒刺激所形成的錯誤記憶或幻覺式記憶，比年輕人更有自信心。因此推測，老年人對過去日常生活的回憶或陳述，受到情緒刺激的強度的影響比年輕人更大。亦即，老年人的回憶或記憶陳述內容和該事件的刺激強度有相當的相關性。

此外，Keil 和 Freund（2009）兩人也以「國際情緒圖片系統」（IAPS）的系統圖片為工具，針對 61 位男性和 95 位 18～88 歲的女性受試者進行研究，將受試者分為三個組別，分別比較不同年齡組對於 IAPS 圖片的反應情形。結果發現，刺激強度較高的快樂圖片會自然引發年輕的受試者「躍躍欲試」的情緒反應，卻會引發老年受試者一些不愉快的情緒反應。然而，刺激強度較低的中性情緒刺激圖片，卻會引發老年人較多的愉快回應。

不同年齡受試者在「嫌惡或防禦」反應上的程度則完全不同，隨著刺激強度的增加，不愉快的圖片刺激和情緒被激發的程度的關係會增加，同時和年齡呈現正相關。也就是說，隨著年齡的增加，刺激強度最大的圖片刺激，會引起老年人較高程度的嫌惡或防禦反應行為，因此，年輕受試者覺得刺激強度最高的快樂圖片，反而會引發老年更多的反應。至於受試者對不愉快圖片刺激的回應，以及受試者對負向情緒刺激的反應，則隨著年齡的增加而減低，亦即受試者對負向情緒刺激的反應強度和年齡呈負相關。

Keil 和 Freund 認為這和過去多份研究的結果相似，亦即，老年人傾向對愉快的情緒給予較多的回應，對負向情緒刺激則給予較少回應（Carstensen & Mikels, 2005; Mather & Knight, 2006; Scheibe & Carstensen, 2010）。這些研究普遍認為，老年人憑藉著過去多年的處事經驗和智慧，面對日常生活各個事件，在情緒上比較不容易出現起起伏伏的情形（Gross et al., 1997; Lawton, Kleban, Rajagopal, & Dean, 1992）。但是，為什麼在嫌惡或防禦反應上，強度最大的圖片刺激，反而會引起老年人較高程度的嫌惡或防禦反應行為？為什麼年輕受試者覺得刺激強度最高的快樂圖片，反

而會引發老年更多的嫌惡或防禦反應？ Keil 和 Freund 兩人建議進一步深入探討。Mather 和 Knight（2006）的研究也發現，和年輕人相比，老人對正向情緒刺激有較多的記憶量，他們認為，老人由於經驗的累積，發展出比年輕更純熟的情緒調適技巧，他因此推估老人比年輕人在情緒調適上更有資源。

上述有關不同年齡族群在情緒處理機制的研究都顯示，相較於年輕人，老人通常給予正向情緒刺激較多的回應。至於老人這種情緒調適模式的真正目的是什麼？是目前神經認知科學家所關心的議題。

（二）高齡者情緒調適的「正向效應」機制

所謂「正向效應」是指個體在面對不同情緒刺激時，傾向接納或看到正面的情緒刺激，或者看到自己的優點。在提取記憶訊息時，也傾向提取正向的情緒記憶，而不提取負向的情緒記憶，因此也有學者稱此為「正向偏執」（positivity bias）（Gordon, Barnett, Cooper, Tran, & Williams, 2008）。相對於「正向效應」，負向偏執則是指個體對不同情緒刺激時，傾向接納或看到負面的情緒刺激，或者傾向看到自己個人的缺失。因此心理認知學者普遍認為「負向偏執」是一種危險的心理認知特質，因此精神病理學（psychopathology）普遍認為，「負向偏執」是讓個體陷入心理危機、影響個體生活幸福感的重要指標（Gordon, Barnett, Cooper, Tran, & Williams, 2008）。

目前相關研究主要是透過磁核共振（MRI）或正子造影（PET）等技術，觀察老人在處理情緒刺激時大腦各區域的活化情形。研究結果都發現老人在同時面對正向和負向情緒刺激時，傾向給予正向刺激較多的回應，並且對正向情緒有較多的回憶（Carstensen & Mikels, 2005; Mather & Knight, 2006; Scheibe & Carstensen, 2010）。但是，當多個正負向情緒刺激同時出現，或正向刺激呈現較為多元化的時候，老人則轉而對負面情緒給

予較多的回應。因此該研究認為，當外界情境呈現負向或挫敗的情緒刺激時，老人會把情緒固著在負向情緒上，這種情緒調適的狀態，與老人學習時傾向對正向情緒給予回應的事實產生衝突。這項研究表示，負向情緒會主動地吸引個體的注意力，由於「逃離負面情緒刺激」和「趨向正面情緒刺激」同樣需要個體認知機制的運作和控制，都是大腦前額葉皮質區功能的展現。因此，在進行生活情境和學習資訊規劃時，「減少負向情境刺激」對老人學習的助益，比年輕人更加明顯（Ochsner & Gross, 2005）。

對此，Scheibe 和 Carstensen 建議老人教學者在規劃教材時，除了減少老人學習情境的負向情緒或壓力，同時協助老人練習在生活中儘量針對正向或愉快的刺激給予回應，對老人的學習和成功老化將會有很大的幫助。這些概念與最近幾年受到重視的「正向心理學」（positive psychology）（Snyder & Lopez, 2007）的研究結果和論述不謀而合，兩者都認為積極正向的信念和正向覺知，可以增加個體的自我效能和認知功能，值得老人教育工作者留意並深入研究。

（三）情緒調適的「正向效應」對個體認知功能的影響

對於老人為什麼傾向給予正向情緒刺激較多的回應，卻嫌棄或不處理負向情緒刺激的現象？這種情緒調適的目的為何？是目前許多神經認知學者努力的範疇。例如，Mather 和 Knight 的研究表示，老人傾向回應正向情緒刺激，目的只為了減少挫折，增加生活的幸福感。但是，當老人在高度恐懼下，卻仍然一味地回應正向情緒，就會發生情緒調適不良的情形。此外，Wright 等人在 2007 年的研究也發現，老人在面對負向情緒刺激，卻不給予回應時，是大腦神經認知功能一種耗力費時的工作。因為，對負向刺激卻不處理，只對正向情緒刺激給予回應，是個體大腦神經認知主動控制情緒的結果，是大腦前額葉對負向情緒反應的抑制作用，因此，老人在展現情緒調適的積極性效果時，大腦前額葉也有較多的活化情形

（摘自 Reuter-Lorenz, & Park, 2010）。前額葉皮質受傷的老人，在面對正
向刺激時，前額葉皮質無法適時地被激活，對負向情緒刺激會有較強烈的
反應。例如，阿茲海默症病人，因為前額葉皮質區受傷，面對正向與負向
情緒刺激同時出現時，便缺乏前額葉對負向情緒刺激的認知抑制功能，以
致於無法產生情緒調適的正向效應（Scheibe & Carstensen, 2010）。

　　對此，Todorov、Fiske 和 Prentice 在 2011 年出版的新書《社會神經科
學：瞭解社會腦的基礎與發展》（*Social Neuroscience: Toward Understanding
the Underpinnings of the Social Mind*）中表示，老人在老化過程中會逐漸缺
乏自動化能力，大腦中處理情緒的區域的敏感度也隨著下降，個體會自動
地選擇忽略負面的情緒刺激，以維持更佳的生活幸福感。因此，一旦老人
真正面臨負面、不好的情緒，通常沒有辦法處理，無法給予適當的回應，
或無法有適當的情緒處理結果（Scheibe & Carstensen, 2010）。

　　針對老人這種情緒調適的正向效應，有些學者認為，這種情緒調適的
正向效應對個體某些「自我掌控的功能」有不利的影響，例如對個體的記
憶、決策能力、個體的自動化反應機制和工作的創意過程等都有所傷害。
Kensinger 在 2008 年的研究也表示，大腦對情緒刺激的記憶是一種自動化
的過程，個體在喚起（arouse）或提取（retrieve）刺激強度較低的情緒刺
激時，需要較多的控制過程。因此對於刺激強度較低的情緒刺激的喚起
或提取，受到個體情緒調適目的的影響較大（摘自 Scheibe & Carstensen,
2010）。這就是為什麼老人在面對相同刺激強度的情緒刺激時，為了維持
較高生活幸福感，會傾向記得正向情緒，而忽略負向情緒。但是當遭遇強
烈負向情緒刺激時，便無法產生情緒調適的正向效應，導致嚴重的情緒障
礙。

　　儘管過去的研究多數認為，在負向情緒刺激中，無論老年人或年
輕人，對「負向暴力」的情緒刺激都會有明顯的回應和記憶。但是，
Scheibe 和 Carstensen（2010）的研究結果表示，老人面對負向情緒卻不
給予回應時，這些老人在大腦情緒處理的相關皮質區反而更加的活化，因

此 Scheibe 和 Carstensen 認為，老人在處理負向情緒刺激時，大腦的杏仁核反而有較多的活化情形，這也證明了個體的情緒處理過程可以透過實驗或教育訓練加以改變。

　　上述的研究都發現，老人是因為大腦負責處理負面情緒的區域在結構功能上的改變，才會造成情緒調適的正向效應，這種效果的副作用則是「杏核仁」結構功能的下降。老人面對負面情緒卻不給予回應的現象，是老人經驗的累積，既是一種認知控制的結果，也是造成老人生理和認知功能下降的原因之一。Scheibe 和 Carstensen（2010）認為，雖然情緒調適的正向效應可以提升高齡者生活滿意度和幸福感，但在個體的神經認知功能上卻付出了相當的代價。

　　例如，Glendenning 和 Stuart-Hamilton（1995）提醒我們，一般人常稱高齡者為「第二童年」，是對高齡者心理特質的誤解。Glendenning 和 Stuart-Hamilton 表示，高齡者經常出現某些和兒童類似的挫敗（childhood failure），不是因為高齡者反轉為兒童，而是一種思考方法（method of thinking）上的改變。高齡者通常已經將事業的經營和指揮權力交給年輕一代，由於不再擁有權力和責任，心理上容易產生無力感或挫折感，一旦高齡者罹患疾病，需要他人扶持時，更容易展現孩童般的無助感。Glendenning 和 Stuart-Hamilton 認為，這是高齡者思考上的質與量的改變，而不是一種智能上的下降。

（四）高齡情緒調適正向效應的跨文化探究

　　對於老人情緒調適所呈現的正向效應，學者們分別進行跨文化（cross-cultural）的研究，例如 Kwon 等人（2009）以「國際情緒圖片系統」（IAPS）為研究工具，針對韓國首爾（Seoul）地區 52 位年輕人和 52 位 65 歲以上的老年人進行研究，受試者透過 17 吋的彩色銀幕，針對螢幕上出現的正向、負向和中向情緒刺激的圖片給予回應，接著請受試者從許多

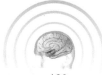
圖片中，找出曾經看過的圖片，以瞭解受試者對於正向、負向和中向情緒刺激圖片的記憶情形，並將研究數據與「國際情緒圖片系統」所建立的美國成人常模數據進行比較。實驗結果表示，韓國人在情緒調適上的表現和西方人有相當程度的差異，儘管年紀較大的受試者對正向和中性情緒刺激的記憶比年輕人多，年輕人也傾向針對負向情緒刺激給予回應，但是，年長的受試者對於正向和負向情緒刺激的回應情形並沒有明顯的差異，亦即韓國老人在情緒調適上並沒有明顯的正向效應。

上述 Kwon 等人的研究認為，老人情緒調適的正向效應可能是社會文化和年齡交互作用的結果，且具有「文化差異」特質，例如韓國老人可能對自己所熟悉的低強度情緒刺激有較正向的回應，認為低強度的刺激就是「好」的，並賦予一種價值判斷，因此產生上述的文化差異性。此外，Tsai、Knutson 和 Fung（2006）也針對東亞地區老人進行研究表示，東亞地區民眾普遍對情緒刺激強度較低（low-arousal）的情緒有較多的回應，因此建議未來應該持續針對不同社會文化背景的老人進行跨文化的探究，同時增加受試者的數量，以進行統計上的推估。

Keil 和 Freund（2009）兩人整理 2000 ～ 2005 年之間國際間 185 篇相關的研究報告發現，多數的研究都採用二向度的情緒空間（affective space）的表達方式，同時採用「二元式對比分析」（quadratic contrast analysis）和 t 檢定（t tests）的資料分析方法，其中「二元式對比分析」最常被研究者使用。透過二元式對比分析，可以清晰地解讀不同刺激對個體內在情緒的激發程度。

儘管不同的研究結果有些差異，但是這些研究有兩個共同趨勢：

1. 中性的情緒刺激比較容易引起個體愉悅的感覺，也容易產生所謂的「正向效應」（Scheibe & Carstensen, 2010）或「正向補償作用」（positivity offset）（Cacioppo & Gardner, 1999）。亦即，在快樂價量的評估上，低刺激強度的刺激可以引發較高等級的快樂價量。

至於老年人面對負向情緒時,傾向忽略負向情緒、不給予回應,則稱為「負向偏執」(Cacioppo & Gardner, 1999),都是情緒老化相關研究的核心議題。

2. 在二元式對比分析圖上,「嫌惡或防禦」刺激在情緒空間上所造成的坡度較陡,而讓人「躍躍欲試」的照片刺激在情緒空間上所造成的坡度則較為平緩,這顯示,隨著嫌惡或防禦刺激的增加,會引發個體更強烈的不愉快感覺(Bradley, 2000)。

至於男女不同性別在情緒空間上所形成的坡度也有些差異,女性的「嫌惡或防禦」刺激反應在情緒空間上所形成的坡度比較陡,對於讓人「躍躍欲試」的刺激反應所形成的坡度則較為平緩,反應強度較低。對此,相較於男性,女性受試者看到刺激強度最高的愉快圖片時,不會有較強烈的情緒反應;但是中性刺激的圖片反而激發女性較高強度的情緒反應。這和 Bradley(2000)與 Lang(1980)等人的研究結果相同,亦即,對於男女兩性對情緒刺激的認知生理回應有明顯的差異,相較於男性,女性和老年人對情緒刺激的反應呈現較高程度的「正向補償作用」或「正向效應」,對此,Keil 和 Freund 建議學者們持續地探究。

(五)高齡者情緒調適能力再學習的可能性

為了避免老人情緒調適「正向效應」對認知功能的負面影響,多位老化神經認知科學家紛紛針對老人的情緒調適能力給予引導,並觀察受試者在大腦各皮質區的活化情形,以瞭解提升老人情緒調適能力的可能性與有效策略。例如,Worsch、Bauer、Miller 和 Lupien(2007)以「寫作引導」(writing intervention)來引導老人學習處理生活中的負向情緒刺激,以緩和負向情緒對老人神經認知功能的損傷。這些引導是針對負向情緒刺激的多重再評估(multiple reappraisal)過程,包括:「向下的社會性比較」(downward social comparison)、「外在歸因」(external attribution)及

「變通性的目的」（alternative goals）。結果證明，這些學習不僅有成效，且明顯地減少老人對負向情緒刺激的愧疚感，也改善老人的睡眠品質。參與研究的老人也覺得自己的情緒調適能力提升了，例如對情緒的辨識能力、人際互動的興趣，以及專注於事前（antecedent-focused）的情緒調適能力。其中「專注於事前」的情緒調適是指個體學會辨識負向情境或人物，適時地迴避，以避免遭受過多的負向情緒刺激。

此外，Samanez-Larkin 等人 2009 年也針對老人的決策能力、在特定情境下的學習能力等進行研究，該研究認為，傾向回應正向情緒刺激的反應模式，會讓老人逐漸喪失決策能力，無法在特定的情境下，針對學習內容給予適切的回應，因此無法有效地學習。Samanez- Larkin 等人擔心老人一旦沉浸在這種趨向正向情緒的認知模式，會影響老人的自我健康照護能力，甚至影響個人財務選擇或管理的能力。上述的研究除了證實老人在情緒調適上需要更多的協助和引導，也說明了老人的「心理輔導」或「諮商服務」，對老人神經認知功能的維護，具有重要的意義。

自我評量

1. 當我們發現自己被一隻凶猛的狗追趕，大腦會產生哪些情緒機制？試著以自己的大腦主體來說明，例如：情緒在哪裡註冊？情緒傳導的方向如何？大腦的哪裡可以感覺到情緒？

2. 何謂「情緒調適」？試著描述「社會情緒調適選擇理論」的主要內涵。

3. 情緒對認知的影響可分為：認知的「補償假設」觀點和工作記憶的「認知—情緒交易」觀點，請各舉一例說明。

4. 何謂高齡者情緒調適的「正向效應」？對高齡者認知功能可能產生哪些影響？

5. 有關高齡情緒老化的主要討論議題有哪些？

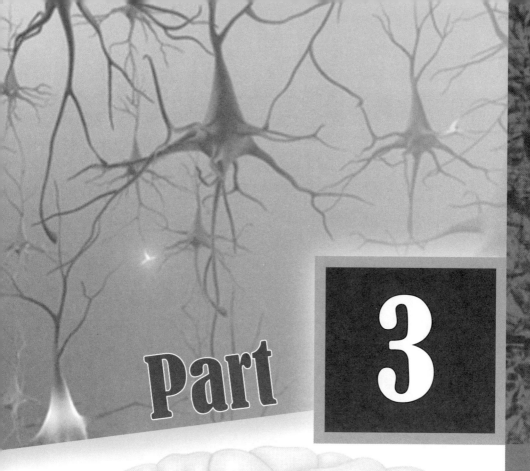

Part 3

認知功能促進活動
的規劃與設計

Chapter 7

高齡者認知促進課程的規劃理念

一、持續主動學習建構大腦新地圖

二、高齡者學習認知促進課程規劃的重點

三、高齡認知促進課程規劃的架構

面對國內一般白天托老中心、日間照護、高齡學堂等快速增加的趨勢，高齡教育課程是高齡教育規劃的重點之一。郭為藩（2009）則建議有關高齡者的課程，必須注意三個面向：

1. 高齡者在當前社會文化變遷的生活環境中，所需要的關鍵能力（key-competence）或基本生活技能（basic skills），例如網路搜查能力、溝通技巧、養生保健知識等。

2. 學習如何克服因年邁而出現的學習障礙，也就是「認知遲鈍」（cognitive slowing）的問題（或稱為輕度智能障礙）。因此課程上要指導高齡者有關認知策略的運用、後設記憶，並克服記憶減退的困擾等。

3. 有關生活哲學或人生觀的課題，讓高齡者能夠保持怡然自得的心態，接納現實、老化自我等。

郭為藩提出「教育照護」（educare）的概念，建議教育照護應該納入高齡者社會福利體制的一部分。教育照護是一種積極性的概念，除了可以協助高齡者成功老化，減少醫療照護（medicare）的社會成本，減少高齡者和其他親友心理上的壓力，最重要的是，教育照護才有機會開發高齡者的智慧和潛能。由於多年帶領高齡團體的經驗，筆者不僅讚歎郭部長的睿智，同時認為這些概念和呼籲應該成為台灣高齡教育和高齡照護政策的重要指導原則。

影響高齡者認知功能的因素是多樣化的，高齡者認知功能退化的程度也不盡相同，唯一不變的是：個體的認知功能的確會隨著年齡的增加而有下降的情形，因而造成高齡者心理上的不安和壓力，這些不安和心理壓力會，會讓高齡者的睡眠品質惡化，導致身體產生過多的腎上腺皮質醇，影響個體的學習和認知，惡性循環的結果會加速個體認知功能的退化。因此高齡者「認知促進」（cognitive enrichment）課程不僅必要，而且越早開始越好。

如何增進高齡者認知效能和大腦的健康

· 心智鍛鍊——閱讀、思考。
· 運動——可增加腦內嗎啡，必須包括負重運動和放鬆運動兩種。
· 承擔責任或擔任志工，獲得掌控感。
· 選擇具有挑戰性的休閒活動。
· 建立堅實的社會網絡。

　　本章首先介紹高齡智能開展的積極性觀點，根據前述認知老化的相關研究，彙整高齡者認知促進課程規劃的有效策略，最後則提出高齡者認知促進課程規劃的完整架構。

一、持續主動學習建構大腦新地圖

　　透過大腦神經科學技術讓我們對高齡者大腦的可塑性有不同的觀點，研究者認為，過去研究認為高齡者無法學習新的語言，是因為大腦的語言地圖已經被原有的記憶占據了大部分的版圖，除非透過專注、主動的學習，否則無法搶攻原有的語言版圖。這項證據說明了為什麼錯誤的發音習慣不容易改變，這就是成人學習理論中用進廢退的「可塑性競爭原則」。腦神經科學家 Michael Merzenich 博士的研究表示，可塑性的改變是一個歷程，即使是中風的病人、學習障礙的人或腦傷者，只要受傷部分還有活的神經細胞，就可以建構大腦的新地圖、形成新的連結，因為「一起發射的神經元會連在一起」，因此，讓健康的神經元和受傷神經元一起發射，就可以使它們連結在一起（洪蘭譯，2008）。

　　Michael Merzenich 博士所成立的公司「Posit Science」，專門在幫助高齡者保留大腦的可塑性，延長心智功能的壽命。他的研究表示，維持良好記憶的關鍵是「在神經系統中登錄新的事件」，因此一般人認為高齡者

無法學習的原因有兩個：一者是沒有好好訓練大腦，以分泌足夠的乙醯膽鹼（Ach）；一者是很少專注學習一個新的事物。對高齡而言，學習新的事物的價值在於讓我們「全神貫注」維持前額葉皮質的良好功能；同時透過用進廢退，在大腦中形成新的版圖。Michael Merzenich 博士表示，在高齡者的學習動機的誘發上，最重要條件是「必須有足夠的報酬」。一旦有足夠的報酬，不管是生理上或心理上的回饋機制，都可以讓高齡者集中專注力，忍受無聊的訓練過程，是真正對認知功能有效的教育規劃。

年長者持續使用的大腦區域中，腦細胞的樹突就像樹枝一樣錯綜複雜，甚至比年輕人的腦細胞更為密集。一旦高齡者的大腦神經結構越複雜，越能夠抵擋外傷或疾病所造成的退化（Zillmer, Spiers & Culbertson, 2008；李淑珺譯，2007）。由 David Snowdon 博士主持，從 1991 年開始進行的「美國修女研究」（The Nun Study），以及德國學者 Pemeczky、Drzezga 和 Deihl-Schmid 在 2007 年所提的研究結論都證實了高齡大腦地圖是可以改變的，高齡者「再學習」也具有積極的意義。其中，Pemeczky、Drzezga 和 Deihl-Schmid 的研究表示，由於男性傾向從事「啟發性休閒活動」，例如參加社群或團體活動、參加慈善活動、玩填字遊戲或紙牌（或麻將）、閱讀寫作、看電影或藝術活動等。男性的認知存款通常比女性高，因此，即使同樣程度的類澱粉斑塊或大腦損傷，男性高齡者所呈現的失智情形通常比女性輕（王培寧、劉秀枝，2010）。

根據美聯社 2006 年 12 月 9 日的報導，美國賓州州立大學一群心理學家在《美國醫學會期刊》發表研究報告指出，73 歲以上的高齡者只要參加 10 次每次一小時的動腦訓練，利用購物清單、公車時刻表與電腦加強組織分類與記憶推理技巧，他們在訓練後增加的腦力至少可以維持五年（摘自彭駕騂，2008）。Michael Merzenich 博士的研究也表示，我們必須聽得很清楚或看得很清楚，才能記住它。長期暴露在連續性噪音的環境中，會使動物學習的關鍵期提早關閉，使得該動物的大腦地圖無法完成分化（轉摘自洪蘭，2008）。因此專注力和感官的敏銳度訓練，都是高齡者

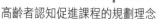
學習規劃的重要條件。

　　即使是罹患失智症者，適度有效的教育訓練都可以減緩患者認知功能的退化程度。隨著醫學研究對失智症和阿茲海默症的瞭解越多，人們越來越重視「教育訓練」對失智症者的價值。對失智症的精神行為症狀，醫學治療可分為「藥物治療」和「非藥物治療」，其中，「非藥物治療」逐漸受到醫學研究的重視，甚至認為，非藥物治療必須列為失智症治療的第一線工作，並強烈的建議必須透過定期訓練，強化患者的認知功能（陳抱寰，2012）。

　　這些研究數據提醒我們重視「認知類」高齡團體活動的價值，特別是國內高齡團體通常以女性成員為主，活動的設計通常以手作藝術、健身舞蹈為主流，對於大腦認知地圖的重塑助益有限，值得我們重視。

二、高齡者學習認知促進課程規劃的重點

（一）強調「心理動作能力」和「記憶整合訓練」的認知課程

　　儘管高齡者的認知功能仍然完整，但是資訊處理的速度和空間作業的認知或記憶的確有減弱的情形。各種口語整合、語詞速度的研究都表示，直到 70 歲為止，老年人的智力功能和表現仍然可以持續穩定的成長，特別是優異的專業領域智能通常不會隨著年齡的增加而衰退。高齡者可以透過訓練和高度社會參與，提升認知功能。因此，目前高齡者「認知促進」課程已經成為社區高齡者的最愛。

　　目前認知促進課程在臨床研究多數採取實務性介入，例如，以社區住宅內的高齡者為實驗對象，提供受服務者單一或複合性的介入服務。這些認知促進課程的介入性服務通常包括：單純的記憶訓練、能力（competence）訓練、心理動作能力（psychomotor ability）的訓練、心

理動作能力和記憶整合訓練等（Oswald, Gunzelmann, Rupprecht, & Hagen, 2006）。根據 Oswald 等人的研究，上述的訓練課程，以「心理動作能力和記憶整合訓練」的效果最好，經過完整的訓練課程，實驗組在認知處理速度、專注力、理性陳述和記憶力上，都明顯的優於對照組。

（二）善用高齡者情緒調適正向效應，減少前額葉的損傷

　　高齡者在情緒調適上有明顯的「正向效應」，亦即當高齡者面對不同類型的刺激時，傾向針對正向情緒給予回應。但是，當多個正負向情緒刺激同時出現，或正向刺激呈現較為多元化的時候，高齡者會把注意力轉向負向情緒刺激，並對負向情緒刺激給予較多的回應（Carstensen & Mikels, 2005）。Carstensen 和 Mikels 的研究表示，高齡者這種情緒調適的狀態，是一種內在的認知衝突，也是一種「認知控制」的結果。對一般人而言，負向情緒會主動地吸引個體的注意力，因此「逃離負向情緒刺激」和「趨向正向情緒刺激」同樣需要個體認知機制的運作和控制，都是大腦前額葉皮質區「認知抑制」功能的展現，長期透過認知控制作用來減少個體對負向情緒的反應，會造成大腦額葉的損傷。因此，一旦個體前額葉皮質受到傷害，就無法產生這種「認知控制」。例如，失智症患者因為前額葉皮質受傷，所以個人的情緒很容易受到周遭環境的影響，即使小小的責難或比較大聲的斥責，都可能讓失智症者動怒，甚至動手打人或破壞東西。

　　筆者和洪櫻純、蕭玉芬等人（2012）針對國內 57 位高齡者情緒調適的「正向效應」和「負向偏執」的研究發現，在「時間線」的繪製上，隨著年齡的增加，年齡越大的高齡者確實傾向回憶起過去一些正向、快樂的情緒刺激。但是不同年齡組的高齡者在正向效應上並沒有顯著差異，只有在「負向偏執」上有明顯差異，其中，中老組（年齡大於 75 歲者）對於負向情緒刺激的回憶數量明顯少於中年組（年齡在 55 ～ 64 歲之間者）的參與者。因此可以證實，在進行生活情境和學習資訊規劃時，「減少負向

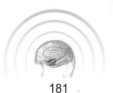

情境刺激」對高齡者學習的助益，比年輕人更加明顯（Ochsner & Gross, 2005）。對此，Scheibe 和 Carstensen 也建議高齡教學者在規劃教材時，除了鼓勵高齡者練習在生活中保留正向或愉快的回憶，也必須減少高齡者學習情境的負向情緒或壓力，同時要引導高齡者學習如何面對負向情緒、學習釋放內在的負向壓力。除了減少大腦壓力皮質醇的分泌，也可以減少認知抑制功能對高齡者前額葉的損傷，對高齡者的認知發展和成功老化有很大的幫助。

高齡者在認知有哪些優勢？

根據多項研究，隨著年齡增加，高齡者會均衡的使用左右大腦，稱為「高齡者左右腦功能不對稱現象之遞減」（HAROLD）。高齡者左右腦細胞之間的情緒連結會隨著年齡成熟，變得更加平衡，因此老年人通常擁有更穩定的情緒。

（三）透過專注力訓練，可預防大腦額葉認知功能退化

根據「額葉老化假設」的概念，個體的「決策能力」是額葉最重要的認知功能，因此額葉的認知決策功能隨著年齡增加而下降的情形也最為明顯，對個體日常生活的影響也最大。其中，「專注力」的維持是預防高齡認知功能的關鍵因素（Isellaa et al., 2008）。因此，Isellaa 等人建議，高齡相關教育規劃者必須透過活動設計，指導年長者如何保持較長時間的專注力，可有效避免額葉功能老化的速度。

目前的研究都表示，即使是阿茲海默症患者的治療，強調「專注力」的提醒和專注力訓練，都可以預防記憶的減退程度（易之新譯，2001）。例如，提醒高齡者在學習某些需要記憶或背誦的事物時，就把手邊其他的事情先暫時放下，關掉電視和收音機，也不要一邊玩拼字遊戲或做其他手

工藝。一般高齡者在日常生活中，習慣一邊看電視、一邊打瞌睡；在公園裡習慣一邊聊天、一邊做運動，都是一種不好的認知習慣，容易養成無法專注學習、時時處於「鬆散」、「缺乏重心」的生活狀態。多數人都認為鬆散的生活代表的是退休後的閒暇、輕鬆生活態度，事實上，這種「不專注」狀態會讓大腦額葉經常處於「不運轉」的狀態，導致額葉認知功能快速退化。高齡者或高齡者的照顧人員都應該瞭解並重視這個問題。

（四）觀察情緒對自主神經系統的影響，可提升自體免疫功能

許多神經科學家都分別從大腦額葉的功能來探討高齡者的情緒和免疫系統的關係。認為額葉是人類整合情緒的部位，因此額葉對於外在刺激的反應，可以用來測量個人的自我覺察能力。神經科學家也透過 fMRI 瞭解免疫系統對外在壓力的反應，並發現個體對自我控制的覺察，可以協助個體學會應付壓力，保護自己的身心健康（Fiske & Taylor, 2008）。

Gangestad 和 Thornhill（2007）也從社會腦的角度探討社會認知的課程規劃表示，人類的大腦特別適合用在虛擬世界的學習與概念的學習。社會認知就是在大腦中想像某一種角色的行為表現，這是個人在人際互動過程中的基礎，因為人類必須在腦中事先瞭解每一次互動的結果，才能正確給予他人回應，這就是一種社會化的學習。因此 Gangestad 和 Thornhill 認為「說故事」和「宗教的引導」一樣，可以讓學習者在腦中形成一種影像，讓不具形象的物體形象化，並漸次的提高學習者的認知層次，這些都是大腦前額葉的主要功能。因此，精於語言表達的高齡者，認知功能的維持情形較佳。

越來越多的研究都肯定個體心理因素對神經生理的影響程度，2006年美國加州的心臟數理研究所（The Institute of Heartmath, IHM）和北京一家科技有限公司推出一個心理調節系統，稱為「生理相互干預自主平衡系統」（SPCS）。該系統是一套減壓和情感管理系統。在這個系統中，個

體的心跳節奏變化、血液的脈動，都可以透過傳感設備，影響遊戲中的畫面。該科技公司總裁 Brett Skogen 表示，過去我們都認為心臟是循環系統的動力和樞紐，而思考和情感的功能歸於大腦。但是，目前科學家已經可以從不同方面觀察到心和腦的關係，進一步提升人類對個人神經生理的掌控能力和自主性。

心臟的律動不只是單一的供血功能，心臟反映人體自主神經的狀態，也會影響自主神經系統的運作。該研究發現，從心臟的律動可以找出「心率變異性」（Heart Rate Variability, HRV），HRV 能夠有效地用來觀察情緒對自主神經系統的影響，「心率變異性」也是顯示身體自主神經系統平衡狀況的動態窗口（滕興才，2007）。因此，只要我們努力學習控制心跳的技巧，勤加練習，每天只要 10～20 分鐘的心率控制練習，就能改變我們的心律，調整自主神經，對抗壓力，讓我們的身心恢復平衡。這些都是近年來「能量醫學」（energy medicine）所倡導的概念。

（五）語文學習和表達訓練，可延緩認知功能退化

根據最近神經認知科學的研究，比起使用單一語言的高齡者，日常生活中慣用「雙語」的高齡者，認知功能退化的程度比較輕微（Admin, 2011）。Admin 的研究表示，即使是罹患阿茲海默症的高齡者，慣用雙語者在認知功能上的退化程度也比單純使用一種語言的人輕微。儘管目前還無法找出確切的原因，但是，研究者普遍認為，在日常生活中慣用雙語者，因為經常激活大腦皮質的不同區域，一旦部分大腦某個皮質區受到損傷，個體會立即喚醒其他大腦皮質區，產生替代作用。但前提是，個體必須經常性、流暢的使用雙語，且 20 歲以前就習慣使用雙語，尤其是從小就使用雙語者的高齡者，認知功能的維持情形最好。

根據「額葉老化假設」的概念，年長的受試者比年輕受試者更容易受到外在聲音或影像的干擾，導致專注度不足。因此在高齡教育的規劃

上，應該留意語意的表達以及溝通時的用字遣詞，留意語意的透明度。國內黃碩傑（2009）的研究，「不透明語詞」不容易受到部分表徵干擾的特性，比「透明語詞」更具有區別性，因而產生較佳的記憶效果。而所謂的「不透明語詞」或「透明語詞」的使用，根據中央研究院中文詞知識庫小組 1994 年出版的《中文書面語頻率詞典》，「語意透明度」是指「中文雙字詞其組成詞素的意義與整個詞意的相關程度，相關程度高者為語意透明詞，簡稱『組合詞』；相關程度低者則為語意不透明，一般語言常用的『成語』或『慣用語』，就是一種屬於語意不透明的語詞（政大機構典藏，2011）。

規劃高齡學習課程時，宜多運用一些「不透明語詞」，因為不透明語詞比較不容易受到外在不相關刺激的干擾，容易產生較好的記憶效果。對於大腦前額葉皮質功能逐漸退化的高齡者，應該多使用「不透明語詞」來學習，亦即，多使用慣用語或成語和高齡者溝通互動，在高齡教學上，可以把教材組合成類似成語般的短詞或慣用語，減少非目標或不相關刺激對語詞的干擾。在設計輕度智能損傷者的訓練課程時，建議多運用「不透明語意」的特質，甚至將幾個動作串成一個成語，讓個案可以擁有更佳的記憶，如果能將動作變成口訣，朗朗上口，更可以減少遺忘的情形。

（六）重新建構個人經驗，增強個人事件記憶

目前多數以研究老年人記憶為主的學者都強調年齡與自傳式回憶的相關性，就是一種「個人事件記憶」的喚起。他們認為對於過去的回憶，並不是一種「影片式的重複播放」（video recording），而是把過去的經驗和事件「重新加以結構化」（reconstructed）的過程。因此「我們的大腦如何將事件重新結構化？」以及「這些結構化的資訊從大腦中的何處取得？」都是目前高齡學學者們最關心的內容。

對此，Barclay（1986）提出一些見解：

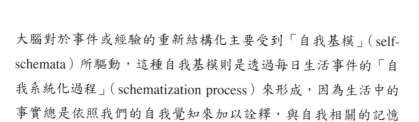

大腦對於事件或經驗的重新結構化主要受到「自我基模」（self-schemata）所驅動，這種自我基模則是透過每日生活事件的「自我系統化過程」（schematization process）來形成，因為生活中的事實總是依照我們的自我覺知來加以詮釋，與自我相關的記憶總是鮮明且深刻。（Glendenning, 1995）

（七）提供有效的決策訊息，維持高齡者生活自主能力

本書第二章所提到的「連結記憶」相關研究表示，高齡者的「清晰記憶歷程」功能減退，無法將相關的訊息連結在一起。因此高齡者的連結記憶和年輕受試者有明顯的差異。Isellaa 等人（2008），以及 Zamarian 和同事們（2008）的研究都表示，年長受試者在注意力的維持上，的確不如年輕人。高齡者通常無法排除環境脈絡中「不相關」或「非目標」的資訊，導致高齡者各種決策能力的下降。因此高齡學習或教育規劃時，除了提供必要的資訊外，協助高齡者進行決策，也必須留意「不相關」或「非目標」資訊的排除。

因為人類壽命延長、高齡核心家庭持續增加，許多高齡者必須自行規劃財務，為漫長的高齡生涯做好準備，因此「理財規劃」成為高齡生涯規劃和高齡服務的主要工作之一。但是在引導高齡者進行決策之前，如何提供高齡者適當、有效且完整的訊息作為選擇或回饋的依據，避免過多繁雜、無效的檢索資訊，以防止高齡者因為專注力不足所造成的「不適當」決策行為，未來政府在制定相關高齡保險制度或年金制度時，必須特別留意。例如，許多高齡者面對保險制度或各種年金制度、保險合約所列舉的繁瑣內容，通常無法專注的完整閱讀，在簽訂合約前，普遍對合約內容並不瞭解，是一種「不適當的決策模式」，因此高齡者很容易成為各種詐騙集團行騙的對象。這不僅是一項社會的隱憂，也是政府和高齡服務機構應

有的承擔和責任。

（八）善用「圖片優勢效應」，減少高齡者因認知老化所造成的心理壓力

根據研究，高齡者在進行資訊連結時，對圖片的依賴度比年輕人更高，也就是說，圖片的相關資訊可以協助高齡者進行訊息的連結，高齡者對圖片相關訊息的提取比率比年輕受試者高，這種圖片的記憶效果稱為「圖片優勢效應」（Ally et al., 2008; Cherry, Hawley, Jackson, Volaufova, Su, & Jazwinski, 2008）。「額葉老化假設」也認為，大腦額葉的認知功能是一種「目標導向」的執行策略，圖片資訊可提供高齡者有效的訊息，有利於資訊的連結（Forster, Kochhann, Chaves, & Roriz-Cruz, 2010），因此可以彌補高齡者因為額葉和顳葉退化所造成的認知功能退化。

筆者和同事們在2012年承辦雲林縣高齡友善城市導入計畫時，曾經到雲林縣不同鄉鎮辦理多場「高齡友善城市World Café深度匯談」。每一場的參與者都是65歲以上的長者，引導者用心地引導高齡參與者以文字或圖片來表達自己對雲林縣高齡友善城市的期待。在參與和表達過程中發現，鄉村地區的參與高齡者喜歡傾向以圖片來表達，包括現成圖片的剪貼、畫出簡單圖形等方式。相對的，受教育程度較高的長者，則會自然的透過文字書寫來表達。這項發現值得高齡教育工作者深入探討，也提供目前許多樂齡學習中心教學設計的參考。

三、高齡認知促進課程規劃的架構

隨著各種另類醫療（alternative therapy）和整全（wholeness）醫療學概念的發展，人們越來越主張身、心、靈三者是密不可分的，三者都是影

響個體健康不可或缺的條件，且彼此相互影響。近年來受到高度重視的能量醫學，即以完形心理學為基礎，認為影響個體健康狀態的因素可分為「心靈、精神和肉體」（湯新華譯，1996），例如身心醫學、神經語言程式學（NLP）等。卡巴拉（Kabbalah）自我療癒的古老智慧也將個體的能量分為智能（intellect）、情緒（emotion）、肢體動作（action）等三種層次，整體的展現則是一種個體的「心靈」（spirit），和目前「整全」的身心靈發展概念不謀而合。因此本書的規劃也採取這種整全的概念。

本書的活動設計，依循整全的健康概念，學習古老智慧「卡巴拉」對大自然的「臣服」或「接受」的理念。Kabbalah 學者認為，人類所有的防護都是為了保護自己，免於被他人傷害。為了展現人類對大自然的臣服和接受，我們必須剝掉自己僵硬的外殼，卸下僵硬的肢體防衛。我們不再需要這些虛假的僵硬外殼，我們唯一要學習的就是：「每一個人都從『利他人』出發，自然而然的面對自己、面對他人。」當我們滿心歡喜的打開心門、打開我們五官的感知，細細領受、察覺大自然的聲音、光影、味道或觸感，就是學習做個「自然人」的開始。

本書以「大腦認知神經科學」為基礎，並以高齡者大腦額葉功能的激活為目標。課程規劃主軸為「激活個體大腦能量」、「正向思維」和「喚醒個體自我療癒能力」。筆者以 Kabbalah 象徵宇宙和生命相互連結的「生命之樹」（the tree of life）概念圖（Stavish, 2007），來呈現整個課程的架構。課程的核心是完美的「大腦認知功能」，最上層是個體的「正向思維」，當個體能真心臣服於大自然的律動，學習祈禱和感恩，從利他心出發，就能產生智慧。同時透過靜心和吐納的練習，讓個體學習肢體覺察、適切地回應當下的情緒，就能改變個人的心智模式，提升情緒調適的能力。最後，腦波振動的練習則在形成和諧的腦波，強化大腦額葉的功能，維持身體的能量場，營造精充、氣壯、神明的身心狀態。總而言之，本書所有的課程都在協助個體透過心智模式的調整、情緒調適練習重新找回專注力，減少高齡者額葉的過度負擔，以維持良好的認知功能。

什麼是「健康的腦波」?

人類的腦波隨著腦波的頻率,分為五個層次,日常生活中不同的肢體動作會引發不同的腦波:

腦波的種類	波的頻率	日常生活中的動作
δ（DELTA）波	2～3.9 Hz	沉睡、無意識的狀態
θ（THETA）波	4～7.9 Hz	深度靜坐、睡眠中
α（ALPHA）波	8～12.9 Hz	身體放鬆狀態、靜坐
β（BETA）波	13～30 Hz	一般性的日常活動
γ（GAMMA）波	30 Hz以上	興奮、情緒激昂的狀態

資料來源:李承憲（2008）。

(一) 卡巴拉的系統圖說明

卡巴拉是一種古老的智慧,也是「宇宙學」（cosmology）的系統知識體系,是建立在各種象徵（symbols）,以及象徵和各種事物之間的關係,從宇宙形成的抽象的概念,到具體的物理世界,以及這些系統彼此連結所形成的氣場。Kabbalah 最主要的概念在強調宇宙中每一個小系統都是彼此相關、緊密連結的。每一個小系統有任何的變化,都會影響到整個大宇宙（Stavish, 2007）。其觀念和「複雜理論」、「量子力學」等概念不謀而合,也和人體各系統間彼此相關、相互影響的整全概念相同（如圖7-1）。

(二) 認知促進課程設計的三個層次

本書的活動課程設計採取整全的概念,將影響個體認知功能的因素分為三個層級:即心靈、情緒和身體。課程的目的在透過三種層次的改變,營造身心靈的健康,使高齡者擁有良好的認知功能和美好生活。

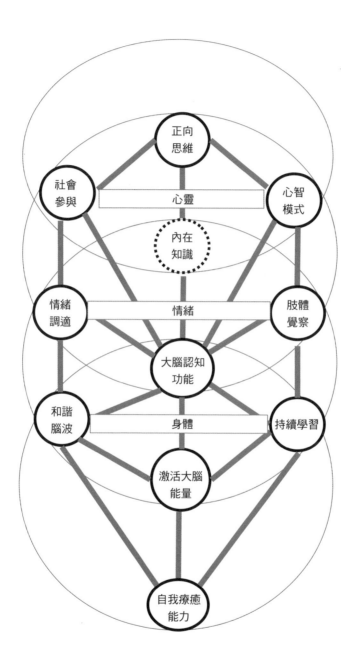

圖 7-1　本書活動規劃的整全概念圖

◆心靈層次

心靈層次的課程在豐富個體的認知和心理資源，包括個人心智的改變、正向思維的練習、團體經驗的參與和體驗。活動設計的概念主要源自神經語言程式學、卡巴拉自我療癒的概念。

高齡者面對體能上的衰退、從職場退休、認知功能的低下等因素，在生活上承受極大的壓力，這種無形壓力轉而為情緒的低落或緊張，低落的情緒伴隨著學習不利的事實，讓高齡逐漸產生消極的自我意識感。因此，要先讓高齡學習者排除各種心理上和肢體上的壓力，例如自我悅納、肢體的放鬆練習等，同時引導個體以正向思維取代過去負面的思考習慣，適度的激發大腦皮質醇的產生，但不至於造成大腦細胞功能的障礙。同時，以腦教育引導高齡者激活自己的大腦細胞，持續性學習可以同時啟動左右腦，激活更多的神經細胞參與學習工作（李淑珺譯，2007；Zillmer, Spiers & Culbertson 2008）。此外，想像或觀想能力的練習，可以促進高齡者的身體覺察能力，同時喚起身體多種正向情緒和經驗，也就是啟動是一種「鏡像神經元」（mirror neuron）[1]系統的作用。

◆情緒層次

情緒層次的課程一方面要提升個體身體感官覺察能力，包括人體表象系統的認識與覺察、觀想學習等技巧的練習。一方面透過肌肉動作的改變，改變我們的思想、情緒和自我概念。活動設計的概念主要源自神經語言程式學、大腦活化練習等。最後則是透過團體發表、互動或分享，提供高齡者多元的酬賞，以鼓勵他們持續參與團體學習。

---

[1] 鏡像神經元（mirror neuron）是指動物在執行某個行為以及觀察其他個體執行同一行為時，都會引發衝動的神經元。這表示該神經元「鏡像」了其他個體的行為，就如同自己也在進行這一行為一樣。例如，和別人面對面時，如果對方在進食，看到對方的吞嚥動作，我們也會不自覺的產生吞口水的動作。透過鏡像神經元的活化，我們可以透過模仿來學習；透過模仿，我們可以覺察別人表情和情緒的改變，也瞭解別人心智狀態，並瞭解自己。

情緒層次的課程規劃包括：(1) 專注力與感官訓練；(2) 印象深刻的學習有利短期記憶的形成；(3) 安排充滿成就感的團體學習。

1. 專注力與感官訓練

　　知覺或感官記憶的形成通常只有幾秒鐘的時間，主要是受到個體注意力的影響。為了保留完整的感官記憶，確保高齡者各種感官的敏銳度，首先必須「聽得清楚」、「看得清楚」才能記得住（王培寧、劉秀枝，2010）。Verhaeghen 和 Cerella（2010）的研究表示，在處理雙重任務時，兩種任務的差異性越高，高齡者越容易感到困難，越複雜化的任務對中高齡者的挑戰越大。除了一般的健康養護概念、定期運動，讓五官保持良好的狀態，還必須讓中高齡者習慣於「專注」或「全神貫注」。例如，一次只做一件事；透過靜坐或閱讀發表，培養大腦的專注力、加強目標導向的學習特質等，都是很有用的學習活動，可以減少學習時的挫折感，讓中高齡者保持較佳的情緒，對身心健康都有益處。因此，應該多提倡「高齡社區讀書會」，高齡社區讀書會不在追求外在知識的獲得，而是為了讓高齡者養成專注的態度，維持敏銳的感官能力。

快樂學習，收穫較多？

　　情緒因素對工作記憶的影響是一種特殊的「調適策略」，是一種由上而下、從整體到細節的調適過程，而且這種調適策略會隨著年紀的增長而更臻成熟。因此，研究者通常認為人類工作記憶的認知策略是一種「情緒化的工作記憶」。

2. 印象深刻的學習有利短期記憶的形成

　　在短期記憶訊息篩選過程中，有幾個因素會影響記憶的儲存，包括對個體情感上有意義的，個體喜歡或覺得重要的訊息，其次是訊息和自己所熟悉的事務有關聯的。根據研究，高齡者的「工作記憶」績效有隨年

齡逐漸下降的特質，比較不容易將一般性事件的描述轉化為特別事件的記憶，也習慣依照過去的資訊來重組目前學習的資料（Struart-Hamilton, 2006; Glendenning & Stuart-Hamiltom, 1995; Zillmer, Spiers, & Culbertson, 2008）。因此，許多高齡教學者喜歡透過「口述歷史」或「生命繪本」來引導高齡者學習，重視高齡者的社群參與和發表，都是在強調學習訊息對個體的意義性。

3. 安排充滿成就感的團體學習

　　非物質心智在想像時都會留下物質的痕跡，因此我們的每一個想法都會在微小層次改變大腦突觸的生理狀態。2000 年諾貝爾生醫獎得主 Eric Kandel 醫生對神經的可塑性有很詳細的描述，他認為基因塑造我們，我們的心智也在塑造基因，因為當我們學習時，我們的心智會決定神經元中哪一基因要被轉錄，因此透過觀想和正向思維，都可能改變大腦的微細結構（洪蘭譯，2008）。目前受到身心靈研究高度重視的「細胞記憶」（cellular memory），即強調人類的記憶可以儲存在每一細胞裡，而每個細胞就變成了整個身體的全息圖像（hologram）（黃漢耀譯，2004）。

　　此外，掌控感和成就感可以讓高齡者產生擁有力量的感受，提升老年人的免疫力，這種正面情緒可以增加 T 細胞（T Cell）和自然殺手細胞（Natural Killer Cell, NK Cell）。自然殺手細胞是免疫系統中用來殺滅細菌的細胞，可以攻擊腫瘤細胞和受感染細胞的白血球，T 細胞則是能指揮免疫防衛行動的白血球。例如，新興的「心理神經免疫學」（Psychoneuroimmunology, PNI），主要就在探討個體的心理、神經系統及免疫功能之間的關聯性。目前的研究表示，抽菸者血液中的 NK 細胞活性原本較低，如果抽菸者有嚴重的憂鬱症，NK 細胞的活性就會大大地減弱（李淑珺譯，2007）。此外，外來的壓力會促使免疫系統的老化，免疫系統老化不僅使高齡者容易罹患感冒、細菌性感染，也間接影響認知功能，終而影響其生活自理能力。因此，高齡者之照護者或家屬，萬萬不能輕忽長輩的心理照護或情緒引導。

　　此外，為了讓高齡者將感官記憶內容納入短期記憶中，必須提供高齡者具有「鷹架學習」[2]（Scaffolding Instruction）意義的學習內容，並安排適當的分享機會，作為學習的「酬賞」，才能讓高齡者在學習過程中感受到學習的成就感和喜悅，更有繼續學習的動機。

◆身體層次

　　身體層次的課程一方面增加高齡者對神經認知系統的認識，透過閱讀、團體活動，活化大腦的可塑性。一方面透過腦波振動、腹式呼吸，讓高齡者擁有和諧的腦波；同時經常性的運動，讓大腦充滿能量，擁有年輕的睡眠品質，以提高身體的能量場，再度擁有良好的專注力。

1. 透過腦波振動，擁有和諧腦波

　　日本教育家七田真博士非常贊同全腦教育和右腦開發，他表示，當個體心情處於平靜狀態時，左腦和右腦的頻率會進入「共頻」的狀態，此時，腦部所呈現的意識狀態稱為「變性意識」，大腦會進入冥想的狀態，腦波也會轉變為「α」波或「θ」波。此時，腦中除了釋放出大量的多巴胺，也會釋放大量的血清素，使個體感到無比的輕鬆，此時的學習具有無限的可能（鄭清清譯，1999）。

　　同樣的，國際腦教育協會創始人李承憲博士，從 2007 年開始極力推展「腦波振動」，透過簡單易學的頭部、胸部、腹部或全身律動，可以讓個體的腦波達到和諧共振（共頻）的狀態，激發大腦自行分泌血清素、多巴胺等神經傳導物質，不僅可以釋放身體的壓力，也可以有效激發個體的潛能，目前已經受到國際的重視，成為國際「腦教育」的主軸之一。

---

[2] 「鷹架」這個名詞來自建築業，是建構在房屋四周作為輔助房屋的搭建、粉刷或修繕時使用。所謂「鷹架學習」理論是俄國發展心理學家Vygotsky所提出來的概念，強調在兒童發展階段，成人或教師應該為兒童建構最佳的學習鷹架。經由成人從旁輔助或與有能力的同儕合作學習，以協助兒童發展潛在能力。

2. 持續學習激活大腦細胞的可塑性

多倫多大學的神經醫學研究人員 Mellanie Springer 和 Cheryl Grady 的研究證明，65 歲以上的老年人，學習時候的活化區域和年輕時代的區域截然不同。年輕時候，進行認知活動時，主要活化區域是大腦顳葉；65 歲以上的高齡者進行認知性學習時，則是大量的活化他們的額葉區域，而且教育越高，活化越明顯（摘自 Fiske & Taylor, 2008）。Fiske 和 Taylor 也表示，額葉是人類整合情緒的部位，額葉對於外在刺激的反應，可以用來測量個人的自我的覺知。因此，協助高齡者進行額葉區域的按摩和理療特別重要，對高齡者認知功能的維持有相當大的幫助，應該列入高齡健康照護的項目之一。

Greenough、Black 和 Wallace 等人（2002）比較高齡者和年輕人感官學習與神經突觸增生的研究表示，感官系統的發展和肢體覺察經驗，對個體神經突觸連結的增加有很大的影響。例如，讓高齡者體驗被擁抱的溫暖感覺，可以刺激大腦產生腦內嗎啡，增加愉悅感，提升人體自我療癒能力。Verhaeghen 和 Salthouse（2010）有關中高齡者認知功能的相關研究表示，中高齡者的團體活動必須能激活中高齡者相關的大腦神經傳導區域，以彌補多數中高齡者在「空間」認知能力上的衰退。雖然目前沒有明確的方法可停止或復原高齡者記憶退化（如阿茲海默症）情形，但是結構性的活動對智力受損的高齡者仍然有相當程度的助益。

為了達到上述的目的，身體層次的課程以 NLP 的次感元調整為主，藉以改變團體參與者的心智模式。此外，以腦波振動增強身體的能量場，喚醒高齡者的前額葉和顳葉功能，除了協助高齡者情緒的處理，更可以有效減緩記憶力衰退的情形。

3. 經常性運動，讓大腦充滿氧氣與能量

1965 年麻省理工學院（MIT）的 Joseph Altman 和 Gopal Das 最早發現老鼠的大腦中有神經幹細胞，而普林斯頓大學（Princeton University）的 Elizabeth Gould 則是第一個在靈長類身上看到神經幹細胞的人，他們發

現人類的大腦直到死亡前，都會一直不停地長出新的神經細胞（洪蘭譯，2008）。他們認為有兩個方法可以增加老鼠的大腦神經細胞，一者是創造新的神經元，一者是延長既有神經元的壽命。因此他們主張成年人要保持固定時間的運動，運動可以產生新的神經幹細胞。例如，長時間的快走、伸展運動，可以引發和諧腦波的律動等。至於學習則可以延長神經細胞的壽命，因此運動和學習是互補的。規律的運動讓年長的學習者有較佳的情緒狀況，因此可以保持較佳的學習和行為表現。運動也會刺激重要的神經化學物質的產生，例如腦內嗎啡、多巴胺與血清素等，有助於腦細胞的存活、神經可塑性和新神經元的發展。每天的運動量越多，心智受到的刺激越豐富，運動不僅僅為了塑身，也有助於大腦地圖的重新塑造。

　　綜合上述，影響認知功能的因素，以及本書認知促進課程的規劃如圖 7-2 所示。

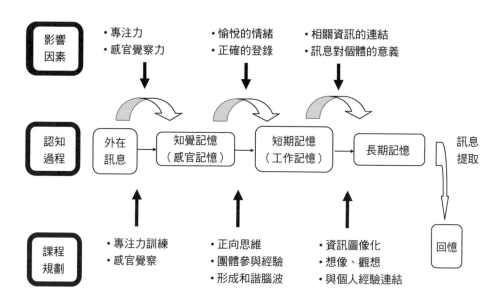

圖 7-2　**影響記憶的因素與課程規劃**

大腦的完美訓練

　　Daniel G. Amen提出一份「大腦完美運作的15天自我訓練守則」，他認為：完整的紀錄包括：(1)運動百分比（每天30分鐘）；(2)每天服用補充劑：維他命B群、C、E、硫辛酸、甘油；(3)冥想12分鐘；(4)學習一種新事物；(5)今天吃了什麼食物？（摘自林志懋譯，2008）

自我評量

1. 著名的「美國修女研究」（The Nun Study）主要的內容為何？對高齡教育有哪些啟示？

2. 高齡者在情緒調適上有明顯的「正向效應」，這種情緒調適效應，是一種內在的認知衝突，也是一種「認知控制」的結果。您認為這種情緒調適效應對高齡學習課程規劃有哪些啟示？課程規劃時可以有哪些因應策略？

3. 「專注力」的維持是高齡認知功能的關鍵因素，在高齡團體活動設計上，可以安排哪些活動，以提升高齡者的專注力？

4. 許多研究都強調經常性運動對高齡者的重要性，試著從生理和心理兩方面，描述運動對高齡者認知功能的影響。

Chapter 8

認知促進課程的活動設計舉隅

第一類　心靈層次

第二類　情緒層次

第三類　身體層次

第一類　心靈層次

一、基本的呼吸導引

單元名稱	基本的呼吸導引		
活動類型	適合各類參與者	活動時間	5～10分鐘
活動目的	1.學習正確的腹式呼吸，幫助大腦獲得充分的氧氣。 2.激發個體的觀想能力。		
空間與器材規劃	1.個別體驗，可採站姿或坐姿。 2.安靜的教室空間即可。		
引導階段	引導活動（含引導語）		
準備階段	準備一片音樂CD，以輕柔古典音樂或爵士音樂為佳。		
活動階段	1.調整站姿或坐姿： 　引導學員選擇站立的地點或座位，採站姿者，最好能赤腳，站立在軟墊或瑜伽墊上進行體驗。採取坐姿者，不管是坐在椅子上或盤坐者，需提醒參與者將身體打直，但腰部放鬆。 2.基本呼吸導引與體驗： 　引導語—— 　(1)現在我要邀請就您現在的位置，選擇您覺得最舒服的姿勢，調整一下您身體的位置；對，也許只是移動一下臀部的位置，就會有不一樣的感覺喔！對，再調整一下自己的肩膀或頭部，我們的肩膀常常是最容易讓我們感覺到疲累的地方。很好，接下來，我要邀請您輕輕地閉上眼睛，輕輕地搖擺身體，當您一邊聽著我的聲音，一邊輕輕地擺動自己的身體時，您會覺得越來越輕鬆（此時的聲音可漸慢）。 　(2)接著我要邀請您將上下嘴唇微微張開成圓形，用力地把腹部的空氣吐乾淨，儘量發出聲音，把氣吐乾淨，對；接著用鼻子用力吸氣，對，感覺氣流通過您的鼻腔進入大腦的美好感覺。很好，再次用嘴巴專心把氣吐光，1、2、3、4，大約4秒鐘，再次用鼻子		

活動階段	吸氣，1、2、3、4。很好，再次吐氣，1、2、3、4；吸氣，1、2、3、4。 （這個階段大約進行五至六次，就會有很好的放鬆作用） (3)接下來我要邀請您把吐氣的時間延長為6秒鐘，吸氣時在心裡數1、2、3、4；吐氣時，則在心裡數1、2、3、4、5、6。吐氣時，您可以持續用嘴巴吐氣，也可以閉上嘴巴，用鼻子吐氣，很好。接下來我想邀請您試著把兩邊的嘴角微微往上揚，對，我看到您微笑的臉了，繼續深呼吸，此時，您是否可以感覺到自己內心湧起一種喜悅感？對，不管是吐氣或吸氣，您都可以感覺到氣流經過身體的一種愉悅感覺。 （初次練習時，這個階段可以持續2～3分鐘，但第二次以後可增加為5～10分鐘，同時將吐氣時間延長為8秒鐘）
回饋階段	邀請學員分享自己的體驗。 可邀請學員陳述自己身體各部分或皮膚的不同覺察。
引導者貼心提醒	
相關資源網站	

　　人體的胸腔是一個密閉的空間，靠著胸腔內壓力和外界大氣壓力的差異，人體才能自然的呼吸。呼吸導引時，必須引導體驗者先學會充分的「吐氣」，先學會「吐氣」，才能吸入充足的氧氣。因此，光是單純的呼吸或吐納就足以讓我們學會「謙虛」，懂得把自己內心清空，才能有所得。

二、身體對情緒的覺察體驗

單元名稱	身體對情緒的覺察體驗		
活動類型	適合一般心智功能者	活動時間	15～20分鐘
活動目的	1.培養個體對肢體與情緒的覺察能力。 2.激發個體的觀想能力。		
空間與器材規劃	1.兩人一組，採取站姿。 2.大型教室，每一小組約需1～2坪的空間，以免相互干擾。 3.如果空間不允許，各組可以輪流進行體驗。		
引導階段	引導活動（含引導語）		
準備階段	準備一些可以放置在地面上的隨身小物品，供學員使用。		
活動階段	1.分組： 　兩人一組，讓學員可以選擇自己熟悉的夥伴，進行體驗。其中一人先參與體驗活動，請另一位夥伴仔細地觀察體驗者的神情並記錄下來，以便進行對話和分享。由引導者統一進行口語的引導。 2.體驗引導： 　引導語—— 　(1)首先邀請體驗者就您現在站的位置選擇一條直線，作為您的體驗線，接著以三種不同的隨身物品，例如筆或貼紙，將原點、正面情緒和負面情緒的方向標示出來。您可以自行決定不同情緒距離原點的位置或距離。 　(2)現在我要邀請體驗者站在原點的位置，身體面向正向情緒的方向，輕輕地閉上眼睛，現在請慢慢吸氣、吐氣讓身體放鬆，再一次吸氣、吐氣，更放鬆。現在我要邀請您開始想一件這幾天最快樂的事情，對，這個快樂的影像就在您的面前，所以請您慢慢地走向它，每往前走一小步，那種快樂的感覺就越來越明顯。慢慢地走，慢慢地體會這種美好的感覺，您可以一直往前走，直到您覺得足夠了，就可以停下來。 　(3)接著，邀請您為自己設下一個正向的心錨，把拇指、食指和中指輕輕捏在一起，並面帶微笑，記住這一種甜美的肢體感覺。就像		

活動階段	照相機一樣，把這幅美好的畫面「喀嚓」一聲照下來。您可以在那裡停留一些時間，體會您身體每一個部分的不同的感覺。
	(4)好，如果您覺得足夠了，請您往右邊跨一小步，離開這條體驗線，回到教室情境。同時邀請您將剛才所放置的三個小物品撿起來，把您個人的體驗線收起來。
	(5)接著邀請另一位夥伴來參與體驗，並記錄對方的神情等。
回饋階段	邀請學員兩人一組，分享自己的體驗。再邀請2～3組學員和全體學員分享。
引導者貼心提醒	本體驗活動可以讓體驗者先體驗正向情緒，再體驗負向情緒，但是為了開發體驗者對肢體覺察的敏感度，鼓勵學員多體驗正向情緒的美好感覺，提升個人的觀想能力，並建立各個感官間的良好連結。因此初次練習者，建議只進行正向情緒的體驗，可以建立非常積極且正向的心錨，成為個人豐富心靈資源的一部分。
相關資源網站	

「心錨效應」（anchoring）是人類常見的心理現象，人的身體或心理處在一種極度興奮或飢餓的狀態下，如果有個刺激持續出現幾次，即使這個刺激跟個體當下的身心狀態沒有關係，當這個刺激因素再次出現時，仍然會引發個體當時的身心狀態。心錨可以是一種狀態，也可以是一種情緒，更可以是一個空間。不同的心理狀態，透過當事人的比較，可能區分為「正向心錨」和「負向心錨」。

例如，華生的父親去世了，喪禮當天來了許多親朋好友，大家看見他非常悲哀，都想安慰他，因此離開時都拍了拍他的肩，請他節哀順變。過了一年，他生日當天又請這些親朋好友來聚聚，於是有人開心地拍了拍他的肩。沒想到他的表情突然變得非常悲哀。因為，一年前被連續拍肩的經驗已經形成一種「負向心錨」，所以一旦有人拍他的肩，就會讓他想起父親去世時的情景。

三、後設語言的應用：語言的重建策略

單元名稱	後設語言的應用：語言的重建策略		
活動類型	適合一般心智功能者	活動時間	20分鐘
活動目的	1.協助探索者進行語意的澄清，以得到豐富的心理資源。 2.解構大腦的三種普遍性機制：一般化、刪減、扭曲。 3.協助探索者解構個人心智的侷限性，擴大個人的認知地圖。		
空間與器材規劃	1.採取心理諮商的對話模式，練習時將參與者分為兩組。 2.一組夥伴扮演「探索者」或「當事人」，一組扮演「心理諮商員」，為探索者所提出的語言，進行解構。 3.第二回合時角色交換。		
引導階段	引導活動		
準備階段	設計10～15題的探索性問題。		

活動階段	1.分組：
	將參與者分為兩組，分別站立教室兩邊，一組夥伴扮演「探索者」或「當事人」(A)，一組扮演「心理諮商員」(B)，一對一依序練習。練習順序如下圖：
	
	     O XXXXXX → ← OOOOOO X
	           當事人(A) 心理諮商員(B)
	
	2.角色扮演：
	(1)當事人(A)：
	「探索者」或「當事人」，從引導者所提供的「練習句」中選出一個和自己的心理困惑較為相似的練習句，眼睛看著對方，真誠地將句子唸出來。		

	(2)心理諮商員(B)： 　　「心理諮商員」用心傾聽，找出當事人的語言中的「一般化、刪減或扭曲」情形，並嘗試用語言引導當事人「把話説清楚」或「釐清問題」，將問題加以解構，避免當事人將問題類化、刪減或扭曲。 3.範例説明（以語言的從屬等級來説明）： 　(A)：「我覺得最近孩子們對我講話都特別大聲，一定是嫌棄我！」 　　　（過分的歸因，將行為等級的語言錯誤地歸類為自我認同等級） 　(B)：「你有沒有發現什麼時候孩子們説話比較大聲？」或者 　　　「你所説的孩子們是指誰啊？」 　　　（嘗試引導當事人釐清日常生活的歸屬層次，避免當事人將他人的情緒、動作或外在的情境解讀為對自己的自我認同或靈性成長不利的線索） 4.重複練習至少三次以上。
回饋階段	1.請學員分享練習的心得，哪一句引導句子讓你感觸最多？ 2.請學員提出自己內心較常出現的語言歸屬問題，讓學員們一起討論，自己是否也經常有類似的語言歸屬情形？
引導者貼心提醒	1.後設語言的練習是一個專業程度較高的練習，屬於「認知性治療」。後設語言的歸類練習會影響個人的心智模式，是一種非常重要的練習，對個體的心理健康和正向自我概念有很大的影響。 2.肢體上有障礙者，可坐在輪椅上進行活動，活動流程可配合改變。 3.本活動可以用在任何助人團體的成員培訓。
相關資源網站	練習例句： 1.最近很煩，我覺得身邊的人都不瞭解我。 2.班上的同學都不喜歡我，他們都説我是報馬仔。 3.我昨天打破了一個盤子，媽媽一定很生氣。 4.昨天下午的簡報出了這麼多問題，老闆以後一定不會喜歡我了。

後設語言是一種語言的魔力，由心理學大師Milton Erickson所提出，他認為隨著時空的變化，人們所關注的情緒或事物都有所不同，可以分為六個層級。例如生氣通常是個人對某種情境的建構，是個人在心智語言上的扭曲或刪減；例如將「行為」或「情緒」等級的語言向上歸類為「自我信念」等級，因此形成負向的自我信念或自我價值感。就語言的從屬等級而言，類似圖1的負面語言歸屬策略，就有可能形成負向的自我意識。反之，圖2所揭示的，是針對情境給予正向的歸屬和語言重建，則會形成積極正向的自我概念。

只要透過語言的持續練習，針對問題進行解構，採用不同的重建策略，就能逐漸改變個人的心智模式，引發不同的情緒狀態。

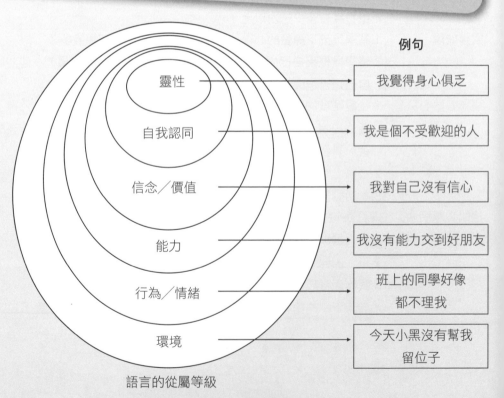

語言的從屬等級

圖1　令人挫折的後設語言模式

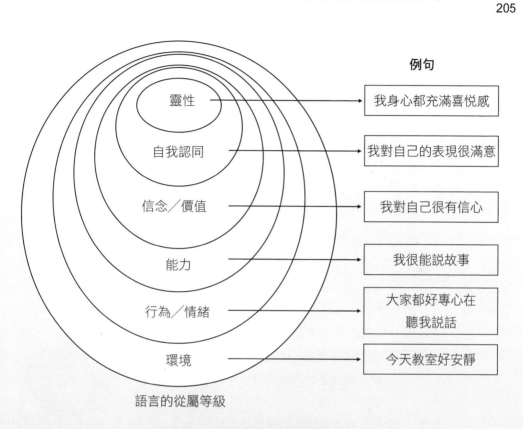

圖 2　正向語言重建的實例

四、鏡子遊戲——同理心體驗與專注力

單元名稱	鏡子遊戲——同理心體驗與專注力		
活動類型	適合各類參與者	活動時間	20～30分鐘
活動目的	1.善用高齡者左右腦平衡的優勢。 2.培養參與者的專注力。 3.喚醒參與者的同理心。		
空間與器材規劃	1.兩人一組，採坐姿或站姿皆可。 2.大型教室，每一小組約需1～2坪的空間，以免相互干擾。 3.如果空間不允許，各組可以輪流執行體驗。		
引導階段	引導活動（含引導語）		
準備階段	由指導者擔任引導者，邀請一組夥伴擔任體驗者，進行示範。		
活動階段	引導語—— (1)說戲、入戲首先要學習專注、快速模仿，這個鏡子遊戲是最基礎的戲劇課程之一。 (2)首先我要邀請我們兩位夥伴進行示範，兩個人面對面約1.5公尺的距離，兩人輕鬆站好，就像站著照鏡子一樣自在。待會兒我要邀請右手邊的夥伴扮演照鏡子的人，左手邊的夥伴則扮演一面忠實的鏡子。扮演鏡子的夥伴，必須即時、正確的反應出照鏡子人的動作，要記得，鏡子是不會說話的，沒有聲音的喔！ (3)接著我要邀請照鏡子的人面對鏡子，做出下列的動作： 「一早起床，打個哈欠，看看鏡子裡的人，發現自己頭上冒出一根白頭髮……接下來可自行發揮喔！」 (4)好，現在我們要請這兩位夥伴開始示範喔！OK！卡麥拉！		

活動階段	(5)接著我們邀請兩位夥伴交換位置，交換扮演的角色（可使用同樣的動作引導或新的動作）。
	(6)現在我要邀請所有的人一起來體會這種角色扮演的樂趣，兩個一組左右面對面站好。我要邀請右手邊的夥伴扮演照鏡子的人，左手邊的夥伴則扮演一面忠實的鏡子。
	(7)接著兩人交換位置，交換扮演的角色。
	(8)邀請兩對夥伴到台前，分享他們扮演不同角色的心得。
	(9)感謝大家，大家應該有很多的體會，這項練習不僅是一種觀察力訓練，也是一種專注力的練習。
回饋階段	1.邀請學員分享自己的體驗。
	2.請學員分享，這個活動是否讓他聯想到家人之間的互動情形。
	3.可邀請學員分享他個人覺得扮演哪一種角色難度較高。
引導者貼心提醒	本活動也適合採取坐姿或坐在輪椅上的學員。
相關資源網站	

　　鏡子遊戲也稱為角色扮演練習，較常用在戲劇教學，也是劇場演出前必要的練習。目前也有很多心理師或相關講師，將鏡子遊戲帶入親子互動遊戲中。筆者在高齡團體帶領時，經常使用鏡子遊戲。高齡夥伴們第一次接觸鏡子遊戲，會有很多笑場、詼諧的動作和演出效果，但是透過經常性的練習會發現，鏡子遊戲可以引導參與者全神貫注，對左右腦的平衡也有很大的幫助。

第二類　情緒層次

一、我們是生命雕塑師——肢體語言的開展

單元名稱	我們是生命雕塑師——肢體語言的開展		
活動類型	適合各類參與者	活動時間	25～30分鐘
活動目的	1.開發高齡者的創造力。 2.培養團隊夥伴間的默契。 3.增加高齡者肢體動作的靈活性。		
空間與器材規劃	1.2～4人一組，分組與團體活動交互進行。 2.需要較大型的地板教室，每一小組約需1～2坪的空間，以免相互干擾。 3.輕柔的背景音樂、小板凳或椅子。		
引導階段	引導活動		
準備階段	引導學員做些簡單的肢體放鬆動作，例如全身腦波振動、腹式呼吸、全身的伸展運動等。		
活動階段	1.創意造型示範： 　事先邀請1～2組夥伴進行示範，請示範組夥伴利用2～3個人的身體，設計出一個日常生活中常見的創意造型，讓夥伴們來猜猜造型的主題，並為這個創意造型命名。 2.創意雕塑、百花齊放： 　(1)2或4個人一組，每組夥伴利用5分鐘的時間激發創意、設計造型、討論表現方式等。 　(2)邀請各組輪流展現創意，並拍照留作紀念。請所有夥伴猜猜造型的主題，再請表演組員說明設計的創意。 　(3)如果時間允許，可以讓夥伴重新分組，再進行一次，可以有相當不同的創意火花。		

回饋階段	每一組夥伴都必須針對其他組別的創意造型給一個創意的讚美,不管是肢體的動作、手勢或口語讚美都可以。
引導者貼心提醒	1.本活動不需要有太多的引導語,適合人數不等的各種團體。實際運用時機包括小團體活動、各種室內活動、戶外課程、暖身活動。至於團體創作的主題可作多種變化。例如呈現家中最溫馨的角落、呈現花園裡百花齊放的景象、擺出可以展現團隊每個人最美的一個鏡頭、團體成員一起擺出一隻貓的造型等等。是一種非常具有創意的小團體活動,引導者可適時為成員拍下照片,作為團體或個人留念。 2.「創意造型示範」可減少高齡參與者的不安和心理壓力,至於創意雕塑的主題,可提供2～3個不同主題讓參與者參考或討論,可減少參與者的挫折感。例如「我是柔軟、舒服的皮沙發」、「我是蓮蓬頭」、「我是快樂的小花貓」等。
相關資源網站	

　　受到社會文化的約束,高齡者往往缺乏肢體覺察的習慣和能力,既不善於稱讚別人,也不善於表達自己喜怒哀樂的情緒,只是一味地將情緒深鎖在自己的潛意識裡。其結果不是將深鎖的情緒記憶以暴力或發怒的方式表現,就是逐漸地失去對周遭事物的興趣,變得漠然、疏離。這是目前離群索居的高齡者最大的人際互動問題,也是引發高齡者心理障礙的重要原因。

　　透過團體性活動,除了讓高齡者可以減少他們的心理壓力,放心地在團體活動中抒發情緒和壓力。例如,Mardoyan和Weis(1981)、McDonald(2010)都建議高齡服務應採用團體方式,除了較中立、將責任分散給團體中的每一個人,也能讓每一個人都有機會對別人的成長提供協助。因此許多學者也都肯定團體或社群學習對高齡的價值與功能。

二、情緒橡皮擦——次感元的調整

單元名稱	情緒橡皮擦——次感元的調整		
活動類型	適合各類參與者	活動時間	15分鐘
活動目的	1.次感元的體驗與調整。 2.正向情緒的覺察與保留。		
空間與器材規劃	1.採團體體驗方式，由引導者透過引導語協助參與者。 2.個別體驗或兩人一組。 3.兩人一組時，體驗者採坐姿，觀察者採站姿。第二回合時，同一組的體驗和觀察者角色交換。		
引導階段	引導活動（含引導語）		
準備階段	安靜的環境、輕柔音樂、舒適的座椅。		
活動階段	1.覺察肢體的愉悅感： 引導語—— (1)基本的呼吸導引三次。 (2)建立正向心錨（大約3～5分鐘）： 　　現在我要邀請您輕輕閉上眼睛，讓嘴角輕輕往上揚，想像著自己和家人或朋友在森林中漫步著的情景。對，深深吸一口氣，空氣中有一股清新的味道讓你不自覺地想更加靠近它。繼續往前走，隨著空氣越來越清涼，身體也有一種輕飄飄的感覺，於是您不自覺地移動雙手，想把整個美景擁入懷裡，靜靜地享受這種感覺，把它放在心裡，同時將自己的雙手輕輕地握在一起，告訴自己，需要的時候，您隨時都可以再次擁有這種感覺。好！輕輕把手鬆開，請輕輕地搖動身體，讓自己轉換一下心情，回到當下的情境。 2.做自己心情的主人（大約6～10分鐘）： 引導語—— (1)有了剛才美好的體驗，此刻您的身體是放鬆的、身體的覺察是最敏感的。接著我要邀請您回想最近一個不愉快的記憶，不管是什麼樣不愉快的經驗，我要邀請您再次的去體會那種不愉快、或者生氣、或者不受重視、或者受欺負的情景。對，把那一件事情重頭到尾地播放一次。此刻，也許您可以感覺到自己的肢體開始僵硬或發熱，甚至有心痛的感覺。 (2)此時，我要邀請您讓雙手輕輕的碰在一起，當雙手握在一起時，您的身體會立即出現一種在森林漫步的舒適感，因此我要邀請您帶著那種愉悅的感覺站在樹林裡，再次看著那一件讓人生氣的事件不斷

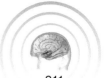
	地上演，面帶微笑地看著它上演，漸漸地把它的影像顏色調整得淡一點，當這個事件慢慢播放完畢後，深深吸一氣，動動身體，讓心情回到教室裡。 (3)好，現在要邀請您張開眼睛，看看左右兩邊的朋友，對著他（她）笑一下。很棒的感覺，對不對？ (4)最後，我要再邀請您閉上眼睛，再次的回想著那一件讓人生氣的事件，對，把它看完，此刻的心情如何呢？結束後，請您慢慢睜開眼睛。
回饋階段	1.可邀請學員兩人為一組，彼此分享現在對於剛才那一件讓自己不愉快的事件，有什麼樣不同的感覺，為什麼？ 2.邀請兩位夥伴，表達自己在肢體覺察改變上的感受或心得。
引導者貼心提醒	心情橡皮擦的活動引導方式有很多種，其他有效的引導方式包括： 1.直接引導參與者回想一件不愉快的事件，一邊回想著該事件，一邊在心中輕輕地哼著自己最喜愛的音樂，可以重複多次。讓不愉快事件的次感元逐漸變淡、逐漸消退。 2.直接引導參與者回想一件不愉快的事件，邀請參與者像看電視一樣看著該事件的發生，同時伸出右手輕輕的把吵架或憤怒的聲音關小一些，伸出左手，把影像的顏色調淡一些，可以重複多次。讓不愉快事件的次感元逐漸消退。
相關資源網站	

次感元的功能——

「感元」是人類的表象系統，包括聽覺、視覺、味覺、嗅覺和觸覺等，外界訊息經過人類五官的蒐集、內在神經系統的處理之後，有多種不同的感受，就是一種「次感元」。人們傾向於以自己專屬的感官用詞（動詞、複詞或形容詞等）來表達他們的各種情緒和覺察，這就是一種次感元的訊息。人類的大腦通常不會分辨喜歡或不喜歡的感受，而是很簡單的把某一種感受和某一種經驗連結在一起，是一種「次感元」的覺察。因此學會改變已覺察的次感元，就可以有效改變某種經驗。

～次感元的練習和調整效果驚人，但首要條件是「相信它」！～

三、團體笑應──一笑解千愁

單元名稱	團體笑應──一笑解千愁		
活動類型	適合各類參與者	活動時間	10分鐘
活動目的	1.學習透過自我悅納、主動性微笑，增加大腦神經網絡的彈性。 2.體會歡笑所引發的體內共振與正向能量。		
空間與器材規劃	1.個別體驗，隨意採取坐姿或站姿都可。 2.小型教室或隔音效果較好的空間。		
引導階段	引導活動（含引導語）		
準備階段	1.自然、放鬆的心情。 2.本體驗活動適用於團體活動進行的任何階段，特別適合在活動結束前進行，可讓夥伴們有很深的體會，並把喜悅的感覺帶回家中。		
活動階段	體驗歡笑的魅力： 引導語── 根據研究，快樂的表情可以引發快樂的感覺，並使大腦發生一連串的快樂反應。現在，我要邀請大家儘量放輕鬆，給對面夥伴一個甜美的微笑。接著輕輕地閉上眼睛，想著昨天或者前幾天最快樂的一件事，對，就是這種感覺，您可以感覺到從丹田或「太陽神經叢」深處所湧起的一份喜悅感，現在似乎都還能感覺到當時的快樂氣氛呢！對，再試著多笑一些，對，再多笑一些，對，對，對，再試著多笑一些，把笑聲和大家分享好嗎？哈哈哈哈哈……（全體的夥伴笑得越來越豪邁、有的人都笑出淚水了……）		
回饋階段	1.邀請學員分享引發快樂心情的記憶或事件。 2.請夥伴分享大笑後的身體感覺（包括對身體內臟的覺察、四肢溫度的改變等等）。		
引導者貼心提醒	本體驗活動不需要任何心理上的準備，只要夥伴間有一些默契或信任感，就可以順利進行。但是，不適合作為團體初始階段的暖身活動，比較適合「團體形成期」之後的階段。		
相關資源網站			

　　人的情緒不是一種感覺，而是一組來自身體的，能夠幫助個體遠離危險、幫助生存的機制，也是一種本能反應。因此，當個體面對正向和負面情緒刺激時，會自然地留意負面或危險的情緒刺激。至於引發快樂的情緒則需要三個條件：(1)分泌大量的多巴胺，在身體上產生快樂的感覺；(2)沒有負面的情緒；(3)前額葉腹內側核被激活，產生有意義的感覺。基本上，愉悅感的產生是一種學習，只要個體主動投入快樂的心理狀態，便可以引發生理上的愉悅感，轉而分泌更多的血清素，形成良性循環，可有效提升自我免疫力。

第三類　身體層次

一、手做神經凹細胞——認識我們的神經細胞

單元名稱	手做神經凹細胞——認識我們的神經細胞		
活動類型	適合各類參與者	活動時間	20～30分鐘
活動目的	1.瞭解神經細胞的基本構造。 2.激發體驗者積極參與學習的動機。		
空間與器材規劃	圖片、不同顏色的色土、小鐵絲		
引導階段	引導活動		
準備階段	準備較大型的神經細胞構造圖或PPT。		
活動階段	1.神經細胞基本構造的介紹： 　介紹神經細胞的基本構造，包括細胞本體、 　軸突、突觸。 　細胞本體　　　　　　　　　　　軸突 　　　　　　　突觸 2.神經細胞創作： 　準備三個不同顏色的色土和小鐵絲，協助參與者用不同的顏色創作一 　個神經細胞。		

活動階段	(1)細胞本體：用數量較多的色土，製作神經細胞的本體部分。 (2)用小塊紅色色土放在細胞本體中央，作為神經細胞的神經核。 (3)將另一塊色土搓成條狀，插入細鐵絲，當作神經細胞的軸突。 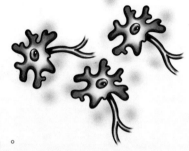 (4)將大家製作的神經細胞連接在一起，形成一片「神經元森林」。 3.神經元森林的認識： 透過大家排列在一起的神經元森林，說明神經細胞之間的訊息傳遞機制。包括： (1)神經傳導物質的作用：當神經細胞的電流脈衝傳到神經突觸時，會觸發神經細胞釋放出一些微量化學物質，即是所謂的「神經傳導物質」。 (2)神經細胞之間的「鍵結」過程：大腦訊息的傳遞和人體生化作用，基本上都是看同「受體」和「配基」的結果，這種結合過程稱為「鍵結」。 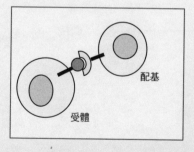 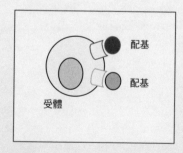 **鍵結作用示意圖** 4.介紹因神經傳導物質分泌不足所引起的疾病，例如巴金森症等。
回饋階段	邀請學員分享自己對神經細胞的認識和收穫，引導學員們主動吸收更多護腦的知識，並與同伴們分享。

引導者貼心提醒	製作材料上,也可以使用顏色、大小不同的三種串珠,分別做成細胞本體、突觸、軸突等三個基本構造。
	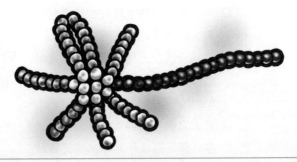
相關資源網站	小小神經科學

　　根據研究,高齡者的大腦細胞在數量上並沒有短少,真正減少的是大腦所分泌的「神經傳導物質」。因此,如何透過運動、靜坐、正向思維、持續學習,甚至激發和諧腦波,以增加神經傳導物質的分泌量,才是高齡者參與活動的最終目的。

二、大腦功能全多錄——大腦結構功能的簡介

單元名稱	大腦功能全多錄——大腦結構功能的簡介		
活動類型	適合一般心智功能者	活動時間	20～30分鐘
活動目的	1.瞭解大腦的重要構造，以及各部分的重要功能。 2.瞭解大腦發展的三個層次及其功能。		
空間與器材規劃	電腦、單槍、圖片。		
引導階段	引導活動（含引導語）		
準備階段	準備相關資料、圖片和PPT檔案（如附錄之光碟片）。		
活動階段	本次活動由引導者主講，配合PPT和相關的大腦結構圖片，説明時至少應包括： 1.大腦外觀，包括額葉、顳葉、頂葉、枕葉等不同區域的功能。 2.從學習到產生記憶的過程。 3.大腦演化的三個階段：腦幹、邊緣系統、大腦皮質層。 4.介紹主要的大腦神經傳導物質及其功能：乙醯膽鹼、多巴胺、血清素、腦內嗎啡等。 5.介紹輕度智能障礙、失智症、阿茲海默症、額顳葉型失智症、巴金森症等常見的高齡者認知性障礙的症狀和生理上的病變。		
回饋階段	邀請學員分享自己對大腦認識的收穫，引導學員們主動地吸收更多護腦的知識，並與同伴們分享。		

引導者貼心提醒	本活動是所有課程的基礎，引導者必須引導參與者清楚地認識大腦的結構，除了提醒參與者維護自己的大腦功能，也可以提升腦波振動的練習成效。
相關資源網站	小小神經科學

　　根據人體器官之間共振（resonance）的原理（王唯工，2010），身體器官間的共振就是一種「氣」。大腦所散發出來的能量，就是一種「氣」，也就是我們的腦波，腦波的類型對細胞的整體健康非常重要。人類的大腦可分為三個層次，分別代表大腦的三個進化階段，透過「腦波振動」，引起大腦和諧且共振的腦波，協助這三個層次的能量達到和諧運作，發揮統整的功能。

三、預約 120 歲的健康腦波（一）：頭部腦波振動

單元名稱	預約120歲的健康腦波(一)：頭部腦波振動		
活動類型	適合各類參與者	活動時間	15～20分鐘
活動目的	1.舒緩大腦皮質和前額葉的壓力。 2.形成和諧的腦波，達到左右腦共頻狀態，提升身體的自我療癒功能。 3.引導腦波呈現α波狀態，擴展學習潛能。 4.激發放鬆、專注的大腦機能。		
空間與器材規劃	1.個別體驗與練習，坐姿或站姿皆可。 2.一般小型教室。		
引導階段	引導活動（含引導語）		
準備階段	練習用音樂——以非洲或原住民的音樂或節奏明快的鼓聲為佳。		
活動階段	引導者活動： 1.瞭解大腦邊緣系統的位置： 　本活動一開始可以用PPT或圖，說明大腦主要的三層構造，引導參與者將意念集中在「邊緣系統」的位置，可有效的提升參與者的專注力。 　腦波振動的目的在使個體激活腦的「邊緣系統」，即哺乳類的腦，腦波振動會產生大腦的平和感覺，同時傳遞給我們的大腦前額，因此練習腦波振動時，必須不斷地想著個人的積極願景，才能有效的把能量傳遞到大腦前額葉。 2.練習引導： 引導語—— (1)現在我要邀請您將身體擺正，安靜、舒服地坐好，或膝蓋微曲站好，不要讓身體感受到任何壓力。接著自然地閉上眼睛、深呼吸三次，讓身體一次比一次更加放鬆。（基本呼吸導引三次） (2)首先將頭部自然地向左右來回擺動，根據自己的身體狀態產生律動、將意識專注於邊緣系統，隨著音樂的節奏持續地擺動，感受律動的同時，儘量地吐氣，延長吐氣的時間，感覺到一次比一次更放鬆。平均每一次擺動大約1秒鐘的時間，可以感覺到一種放鬆、舒適的和諧感。（第一次練習大約60秒）		

活動階段	(3)接著體會無限大的律動，想像頭部在眼睛的前方畫一個「橫寫的8字」，頭部從右上方擺動，再依序拉到右下方、左上方、左下方、右上方，以身體的中心為軸線，讓身體跟隨頭部的律動自然地擺動。（第一次練習大約60秒） (4)最後則將頭部前後地擺動，輕鬆的享受腦波振動練習的樂趣，最重要是要找到屬於你自己的自然律動。 (5)剛開始每一項大約搖動60次，大約2～3分鐘，熟悉後可重複練習三個動作，大約10分鐘以上。 
回饋階段	邀請學員分享自己的體驗。
引導者貼心提醒	當身體的壓力過大，覺得腦部過熱、頸部過於僵硬時，代表您腦中的二氧化碳量過高，無法順利排出。此時，練習腦波振動大約2～3分鐘後，您會不停地打哈欠，表示腦部正在吸入大量氧，很快就可以減緩壓力，感覺身體輕鬆、眼睛發亮。也可以先做幾個四肢的伸展運動，深呼吸幾次，再接著練習，更能感受到律動和能量的舒適感。
相關資源網站	王唯工（2010）。《氣的樂章》。台北：大塊文化。 Lee, Ilchi (2008). *Brain Wave Vibration: Getting Back into the Rhythm of a Happy, Healthy Life*. Best Life Media.

大腦神經科學小知識——

1.腦部是耗氧量最大的身體部位，因此「二氧化碳」的產生量最大，造成組織內的「酸水」也最多，酸水的排泄必須從腦幹沿著頸肩部排出。因此頭部的腦波振動可以有效排除腦部酸水，避免腦部「水腫」（頭痛的原因）。

2.專注力訓練的三個特質是：「放鬆」、「靜止」到「警覺」。透過單純的腦波振動，可以找回靜止的和警覺的心。

3.在大腦中主動形成和諧波動，引導神經趨於平和，可以減少「能趨疲」（entropy）情形，讓個體擁有專注力。

自我療癒者的信念

古希臘名醫希波克拉底曾經說過：「每一個人的體內都有一個醫生，我們的工作只是幫助他做好他的工作罷了！」腦波振動就是一種協助的工作，透過它讓我們的身體可以開始進行深度的療癒工作（Lee, 2008）。

四、預約 120 歲的健康腦波（二）：全身腦波振動

單元名稱	預約120歲的健康腦波(二)：全身腦波振動		
活動類型	適合各類參與者	活動時間	20分鐘
活動目的	1.形成和諧的腦波，達到左右腦共頻狀態，提升身體的自我療癒功能。 2.引導腦波呈現α波狀態，擴展學習潛能。 3.紓解身體的壓力和僵硬感，激活大腦的功能。		
空間與器材規劃	1.個別體驗與練習，坐姿、站姿皆可。 2.一般小型教室。 3.節奏明快的音樂。		
引導階段	引導活動（含引導語）		
準備階段	練習用音樂——以非洲或原住民的音樂或節奏明快的鼓聲為佳。		
活動階段	1.引導說明： 　維持健康的腦波，激活身體細胞的正常功能和自癒功能。有規律的腦波可以活化腦部的各種功能。全身的腦波振動是全身性放鬆的最好方法，「和諧的腦波」讓我們的左右腦達到共頻狀態，此時，腦波處於α波狀態，使身體充滿新鮮的氧氣和能量。 2.引導活動： 　引導語—— (1)現在我要邀請您兩腳分開站立，與肩膀同寬；膝蓋微微彎曲，方便臀部上下擺動，手臂自然下垂，肩膀完全放鬆。您也可以安靜、舒服地坐好或平躺，讓身體完全放鬆。接著自然地閉上眼睛、深呼吸三次，讓身體一次比一次更加放鬆。 (2)從臀部開始上下地彈動，隨著您身體的韻律自然地擺動。專注地吐氣並釋放身體內部的緊張壓力。持續彈動5分鐘以上，直到身體完全的放鬆。 (3)當您覺得完全放鬆時，開始依照您自己的律動來搖擺身體。搖擺身體時，沒有對或錯，依照您感覺到最自然、最舒服的方式來擺		

活動階段	動,對,非常好!擺動可以強烈或輕柔,完全依照您自己的需求。(持續2～3分鐘)
	(4)全身腦波振動的目的是要產生完全的放鬆感,以及平靜的心理狀態,隨著練習次數的增加,您可以把自己帶入更深的律動中,效果會更大。最後您可以讓這種律動傳遍全身,同時依照自己的需求直覺地改變擺動的姿勢。您也可以自然地跳起舞來喔!不要在乎自己的動作,不要管別人如何看你,要完全的享受身體擺動所帶來的樂趣和放鬆感覺。(持續15分鐘左右)
	(5)(隨著音樂慢慢趨緩時)現在隨著舒服、輕柔的鳥叫聲,伸展自己的身體,回到意識清醒的時候,輕輕地甩甩手腳,深深的吸氣和吐氣,把汗擦乾並用手掌按摩全身。
回饋階段	邀請學員分享自己的體驗。
引導者貼心提醒	1.本活動的練習時間初次練習以10～15分鐘為佳,可以持續到25～30分鐘。
	2.現代人因為用腦過度,很容易造成腦部過熱、丹田冰冷,是一種不健康的能量狀態,導致經常頭暈、不舒服。因此練習時容易有頭暈現象。此時可以提醒學員輕輕搖擺身體,用自己的雙手手掌用力拍打腹部,讓丹田溫熱起來,使身體達到「水火即濟」的平衡狀態(即頭部清涼和丹田溫熱),深呼吸幾次後再開始練習。
	3.剛拍打腹部時,律動的擺度不要太大,可靠牆面站好,防止跌倒。
相關資源網站	王唯工(2010)。《氣的樂章》。台北:大塊文化。
	Lee, Ilchi (2008). *Brain Wave Vibration: Getting Back into the Rhythm of a Happy, Healthy Life*. Best Life Media.

　　中醫所說的「氣」,是一種身體的共振(或稱共頻),共振讓血氣循環順暢。血至則氣至,血多則氣旺。運動的目的即在形成體內的「共振」,形成體內一種能量或氣的共振(王唯工,2010)。

日本腦教育家七田真博士鼓勵開發人類的右腦，因為當個體心情處於平靜狀態時，左腦和右腦的頻率會進入「共頻」的狀態，此時，腦部所呈現的意識狀態稱為「變性意識」，大腦會進入冥想的狀態，腦波也會轉變為「α」波或「θ」波，此時，腦中除了釋放出大量的多巴胺，也會釋放大量的血清素，使個體感到無比的輕鬆，此時的學習具有無限的可能，是一種「全像」或「圖像記憶」的學習模式（鄭清清譯，1999）。

五、手指律動操──雙人打擊練習

單元名稱	手指律動操──雙人打擊練習		
活動類型	適合各類參與者	活動時間	15～25分鐘 （可多次進行）
活動目的	1.激活大腦皮質和邊緣系統的功能。 2.透過律動和遊戲，引導高齡者與他人互動。		
空間與器材規劃	1.先進行個別體驗和練習，藉著進行兩人一組的互動遊戲。 2.本活動可採站姿或坐姿，因此也適用於坐輪椅的長輩。		
引導階段	引導活動		
準備階段	1.準備小蜜蜂的音樂帶。 2.製作小蜜蜂歌曲簡譜的海報或PPT（如圖）。事先張貼出來。		
活動階段	1.歌曲帶動唱： 　一邊播放小蜜蜂的音樂帶，帶領參與者一邊拍手，一邊大聲跟著唱出整首的歌詞。可練習二遍。 2.手指律動帶動唱： 　(1)帶領參與者的一邊閱讀簡譜，一邊大聲唱出歌曲中的每一個音名。如右側之簡譜。 　(2)示範動作（引導者邊示範邊說明） 　　• 唱到歌曲簡譜中1、3、5等奇數時，左手張開出「布」、右手握拳出「石頭」，同時雙手往前推。 　　• 唱到歌曲簡譜中2、4、6等偶數時，左手張開出「石頭」、右手握拳出「布」，同時雙手往前推。 　　• 每位參與者一邊唱歌譜，一邊自行練習同樣的動作。		

雙人打擊練習曲（小蜜蜂）

I533- I 422-I1234I555-I

I533- I422- I1355I333-I

I2222I234- I3333I345-I

I533- I422- I1355I1- - -I

雙人打擊練習曲（小蜜蜂）

奇數　　　　偶數
1 3 5　　　 2 4 6

	(3)雙人打擊練習：
	• 二人一組面對面站好或坐好，二人同時動作，一邊大聲唱歌譜，一邊雙手往前推，首先，每個人的右手握拳打在對方的左手手掌心上；接著是左手握拳打在對方的右手手掌心上。
	• 雙人打擊練習有些難度，但是非常有趣，會引來長輩熱情的投入和滿堂的笑聲。初次練習時，速度可以慢些，再逐漸加快速度。
回饋階段	1.邀請幾個默契較好的組別進行示範。 2.邀請學員分享自己的體驗。
引導者貼心提醒	「手指律動操」的練習歌曲以簡短、易學、老少都熟悉的歌曲為主。例如小蜜蜂、兩隻老虎等，都是非常好的練習曲目。
相關資源網站	

　　最新的復健計畫稱為「限制或阻力運動」，限制中風病人使用不靈活的手或腳，激發「壞」的神經細胞和「好」的神經細胞一起發射，可以重新建立神經之間的連線。因此，即使是中風或臥床的高齡者，也可以透過運動或學習，激活大腦神經細胞（林天送，2003）。

　　根據人類的大腦身體地圖，除了「嘴巴」外，掌管人類的手掌和腳掌的大腦皮質面積最大。因此，手掌和腳掌的律動已證實可以有效減緩高齡者認知老化，非常適合用在安養院或養護中心的長輩活動設計。即使是臥床的長輩，都可以透過簡單的手掌和腳掌律動，激活大腦皮質功能，提升他們的生活品質。期待國內相關工作者能有前瞻、人道關懷的胸襟，提供長輩更溫馨、人性化的照顧。

結 論

　　著名的大腦認知科學家 Nancy Andreasen 博士，在《美麗新腦：如何在基因時代戰勝心理疾病》書中表示，決定一個人是否會罹患憂鬱症、躁鬱症等心理疾病，可能因素包括：基因、病毒或有毒物質侵入、營養攝取、出生時受到傷害、個人生活經歷等。這些因素彼此間也會產生交互作用，進而造成大腦結構和功能上的改變，包括腦功能的退化、腦內的生理化學變化、個人的心智功能的改變等，都可能和個體的情緒狀態息息相關。

　　人口老化對整體社會既是一種機會，也是一種威脅。對研究者和臨床實務工作者而言，最大的挑戰在於：「澈底瞭解導致高齡者認知功能下降的原因，並找出提升認知功能的解決策略，以面對日漸嚴重的老化人口壓力。」（Snowdon, 2003）。導致認知功能老化的原因是非常多樣性的，目前多數的研究都表示，導致認知功能下降與失智症的原因可以分為兩大類：第一類是個體大腦中所呈現的「病變」程度；第二類是個體對抗大腦內神經產生病變的「認知儲備」程度。其中，因「認知儲備」不足所導致的認知功能下降，通常都是漸進式的，個體的認知功能會逐年下降，包括基因的表現情形、攝取的營養、社會性支持、教育程度、智能上的刺激、體能的活動情形等，都值得高齡研究者列入活動設計的參考。

　　大腦神經細胞的老化是不可逆轉的事實，由於健康醫療技術的發展，高齡者的壽命不斷延長。為了應付日常的生活瑣事，高齡者必須借助大腦不同皮質區之間的相互補足，善用各種認知補償功能，才能適應社會生活。因此，未來神經認知科學最重要的任務除了持續探究不同大腦皮質區在認知功能上的角色，更需要澈底瞭解高齡者各種認知補償功能，同時藉由這些補償性認知功能，提升高齡者的生活品質（Grady, 2008; Farina & Baglio, 2010）。

　　至於 Ball 等人所提出來的「認知訓練介入性服務」也越來越受重視。如何改進這些認知訓練介入性服務的內容，讓這些介入性服務具有互動特質、呈現良好的設計內容，則是我們共同的任務。

參考文獻

中文

大世紀新聞網（2012）。〈人體的幸福分子：血清素〉。2012 年4月8日。取自：http://www.epochtimes.com/b5/8/6/15/n2155371.htm

小小神經科學（2011）。〈神經解剖——神經系統的組成〉。2012 年2月20 日。取自：http://www.dls.ym.edu.tw/neuroscience/nsdivide_c.htm

王唯工（2010）。《氣的樂章》。台北：大塊文化。

王培寧、劉秀枝（2010）。《別等失智上身：瞭解它、面對它、遠離它》。台北：臺灣商務印書館。

王煇雄、郭夢菲（2009）。《又抖又叫——鬥陣妥瑞症》。台北：新迪文化。

江文慈（1999）。〈情緒調整的發展軌跡與模式建構之研究〉。國立台灣師範大學教育心理與輔導研究所博士論文（未出版），台北。

呂佩英（譯）（2006）。Danniel Boorstin著。《發現者：人類探索世界和自我的歷史》。上海：譯文。

李淑珺（譯）（2007）。Gene D. Cohen著。《熟年大腦的無限潛能》（*The Mature Mind: The Positive Power of the Aging Brain*）。台北：張老師文化。

易之新（譯）（2001）。Michael Castleman, Dolores Gallagher-Thompson & Matthew Naythons著。《阿　海默診療室》。台北：天下。

林天送（2003）。《活用你的腦力》。台北：健康文化。

林志懋（譯）（2008）。Daniel G. Amen著。《補腦全書》。台北：早安財經文化。

林金盾（2004）。《生理心理學：神經與行為》。台北：藝軒。

林歐貴英等（譯）（2007）。Rosemary Blieszner & Victoria Hilkevitch Bedford著。《老年與家庭：理論與研究》。台北：五南。

邱天助（1993）。《教育老年學》。台北：心理。

邱天助（2007）。《社會老年學》。高雄：麗文。

邱銘章（2006）。《失智症照護指南》。台北：原水。

政大機構典藏（2012）。2012年02月13日。取自：http://nccur.lib.nccu.edu.tw/bitstream/140.119/32468/6/75200806.pdf

洪蘭（譯）（2002）。Rita Carter著。《大腦的祕密檔案》。台北：遠流。

洪蘭（譯）（2006）。Leonard Sax著。《養男育女調不同》。台北：遠流。

洪蘭（譯）（2008）。Norman Doidge著。《改變是大腦的天性：從大腦發揮自癒力的故事中發現神經可塑性》。台北：遠流。

洪蘭（譯）（2012）。Elizabeth Loftus & Katherine Ketcham著。《記憶vs.創憶：尋找迷失的真相》（2版）。台北：遠流。

徐若英（譯）（2006）。李承憲（Lee, Ilchi）著。《與腦對話：腦呼吸啟動生命能量》。台北：方智。

徐聯恩、田文彬（2002）。〈認知風格與創新〉。《研習論壇月刊：理論與實務》，23，33-40。

張新仁（1989）。〈不同學科的歷程分析〉。《教育研究》，3，43-59。

梅錦榮（1991）。《神經心理學》。台北：桂冠。

莊秀美（2003）。《老人團體工作實務》。台北：學富文化。

許晉福（譯）（2008）。Jed Diamond著。《男人，為什麼發狂？：躁男症候群》。台北：久周。

郭為藩（2009）。〈邁向高齡社會：我國繼續高等教育的因應策略〉。載於中華民國成人及終身教育學會（主編），《高齡學習與高等教育》，頁1-14。

陳李綢（1999）。《認知發展與輔導》。台北：心理。

陳抱寰（2012，2月）。〈認識失智症的精神行為症狀〉。《臺北醫學大學附設醫院二月份健康報》，頁90。

陳品豪、劉智仰、陳鵬升（2008）。〈巴金森氏症〉。《基層醫學》，23(3)，76-80。

陳朝福（2003）。〈組織轉型研究：新科學典範的創造性演化觀點〉。國立台灣大學商學研究所博士論文（未出版），台北。

彭駕騂（2008）。《老人心理學》。台北：威仕曼。

游麗裡、張美淑（2010）。《老人團體活動設計》。台北：五南。

湯新華（譯）（1996）。Barbara Hoberman Levine著。《你的身體相信你說的每句話：淺談心靈和肉體的關係》。新北市：世茂。

黃富順（2004）。《高齡學習》。台北：五南。

黃富順（2006）。《高齡學習》。台北：五南。

黃富順、陳如山、黃慈編著（2007）。《成人發展與適應》。國立空中大學。

黃漢耀（譯）（2004）。Sylvia Browne & Lindsay Harrison著。《細胞記憶》。台

北：人本自然。

黃碩傑（2009）。〈由語意透明度所引發的再認記憶鏡像效應：行為與事件相關腦電位研究〉。國立中央大學認知神經科學研究所碩博士論文（未出版），桃園縣。

楊玉齡（譯）（2010）。Jonah Lehrer著。《大腦決策手冊：該用腦袋的哪個部分做決策？》。台北：天下遠見。

詹鼎正（2011，7月25日）。〈老年人的神經病變〉。《台灣新生報》，老人醫學專欄——常見的銀髮族慢性疾病系列之十四。

滕興才（2007）。〈用「心」生活心臟也在控制大腦——基於心臟律動的心理調節系統有助於減輕生活壓力〉。《中國青年報》，2007年4月10日。

蔡琰、臧國仁（2008）。〈熟年世代網際網路知使用與老人自我形象與社會角色建構〉。《新聞學研究》，97，1-43。

鄭昭明（1993）。《認知心理學：理論與實踐》。台北：桂冠。

鄭清清（譯）（1999）。九田真著。《我變聰明了》。台北：商周。

鄭麗玉（1993）。《認知心理學》。台北：五南。

蘇碩偉、李奕德、許惠桓（2011）。〈男性睪固酮補充治療的新觀點與潛力〉。《內科學誌》，22，161-173。

外文

Adams-Price C. E. (ed.). (1998). *Creativity & Successful Aging: Theoretical and Empirical Approaches*. New York: Springer Publishing Company.

Adetunji, H. A. (2009). Economics of health. In Frances W. & Mzwandile M. (eds.). *Key Concepts in Public Health* (pp. 68-72). Los Angeles: SAGE.

Admin, M. (2011). Aging and bi-lingualism. 2012/4/9 Retrieved from: http://brainworldmagazine.com/aging-and-bi-lingualism/

Aflred, M. V. (2009). Social capital theory: implications for women's networking and learning. *New Directions for Adult and Continuing Education*, *122*, 3-12.

Aflred, M. V., & Nanton, C. R. (2009). Survival of the supported: social capital networks and the finish line. *New Directions for Adult and Continuing Education, 122*, 83-94.

Akbaraly, T. N., Portet, F., & Fustinoni, S. (2009). Leisure activities and the risk of dementia in the elderly: result from the Three-City Study. *Neurology, 73*, 854-861.

Ally, B. A., Waring, J. D., Beth. E. H., McKeever, J. D., Milberg, W. P. & Budson, A. E.

(2008). Aging memory for pictures: Using high-density event-related potentials to understand the effect of aging on the picture superiority effect. *Neuropsychologia, 46*, 676-689.

Alzheimer's Association (2012). Retrieved from: http://www.alz.org/

Anderson, N. D., Ebert, P. L., Jennings, J. M., Grady, C. L., Cabeza, R. & Graham, S. J. (2008). Recollection and familiarity-based memory in healthy aging and amnestic mild cognitive impairment. *Neuropsychology, 22*(2), 177-187.

Andreasen, N. (2004). *Brave New Brain: Conquering Mental Illness in the Era of the Genome*. Oxford University Press.

Andrés, P., Parmentier, F. B., & Escera, C. (2006). The effect of age on involuntary capture of attention by irrelevant sounds: a test of the frontal hypothesis of aging. *Neuropsychologia, 44*(12), 2564-2568.

Backs, R. W., da Silva, S. P., & Han, K. (2005). A comparative of younger and older adults' self-assessment manikin ratings of affective pictures. *Experimental Aging Research, 31*, 421-440.

Ball, K., Berch, D. B., Helmers, K. F., Jobe, J. B., Leveck, M. D., Marsiske, M., Morris, J. M., Rebok, G. W., Smith. D. M., Tennstedt, S. L., Unverzagt, F. W., & Wills, S. L. (2002). Effects of cognitive training interventions with older adults: a randomized controlled trial. *JAMA, 288*, 2271-2281.

Baltes, P. B., & Staudinger, U. M. (2000). Wisdom: a metaheuristic (pragmatic) to orchestrate mind and virtue toward excellence. *American Psychologist, 55*, 122-136.

Bammel, G., & Burrus-Bammel, L. L. (1992). *Leisure and Human Behavior* (2nd ed.). Wm. C. Brown Publishers.

Bandura, A. (1997). *Self-efficacy: The Exercise of Control*. New York: Freeman.

Bandura, A. (2006). Health promotion from the perspective of social cognitive theory. In Paul Norman, Charles Abraham, & Mark Conner (eds.). *Understanding and Changing Health Behaviour from Heath Beliefs to Self-Regulation* (pp. 299-342). Routledge: Taylor & Francis Group.

Bener, N. C., & Freund, A. H. M. (2007). Personality theories of successful aging. In J. A. Blackburn & C. N. Dulmus (eds.). *Handbook of Gerontology* (pp. 87-110). Hoboken, NJ: John Wiley & Sons, Inc.

Bergerbest, D., Gabrieli, J. D. E., Whitfield-Gabrieli, S., Kim, H., Stebbins, G.

T., Bennett, D. A., & Fleischman, D. A. (2009). Age-assocoated reduction of asymmetry in prefrontal function and preservation of conceptual repetition priming. *NeuroImage, 45*, 237-246.

Bialystok, E., & Craik, F. (eds.). (2006). *Life Cognition: Mechanisms of Change.* New York: Oxford University Press.

Bower, G. H. (1992). How might emotions affect learning? In S. A. Christianson (ed.). *Handbook of Emotion and Memory: Research and Theory* (pp. 3-31). NJ: Erlbaum.

Bradley, M. M. & Lang, P. J. (2007). The International Affective Picture System (IAPS) in the study of emotion and attention. In J. A. Coan & J. J. B. Allen (eds.). *Handbook of Emotion Elicitation and Assessment* (pp. 29-46). Oxford University Press.

Bradley, M. M. (2000). Emotion and motivation. In J. T. Cacioppo, L. G. Tassinary, & G. Berntson (eds.). *Handbook of Psychophysiology* (pp. 602-642). New York: Cambridge University Press.

Buckley, T., Norton, M. C., Deberard, M. S., Welsh-Bohmer, K. A., & Tschanz, J. T. (2009). A brief metacognition questionnaire for the elderly: comparison with cognitive performance and informant ratings the Cache County Study. *International Journal of Geriatric Psychiatry, 25*, 739-747.

Buckner, R. L., Andrews-Hanna, J. R., & Schacter, D. L. (2008). The brain's default network: Anatomy, function, and relevance to disease. *Annals of the New York Academy of Science, 1124*, 1-38.

Burnett-Wolle, B., & Godbey, G. (2007). Refining research on older adults' leisure: implications of selection, optimization, and compensation and socioemotional selectivity theories. *Journal of Leisure Research Copyright, 39*(3), 498-513.

Cabeza, R. (2002). Hemispheric asymmetry reduction in older adults: The HAROLD model. *Psychology of Aging, 7*, 1070-1079.

Cacioppo, J. T., & Gardner, W. L. (1999). Emotion. *Annual Review of Psychology, 50*, 191-214.

Cappell, K. A., Gmeindl, L., & Reuter-Lorenz, P. A. (2010). Age differences in prefrontal recruitment during verbal working memory maintenance depend on memory load. *Cortex, 46*, 462-473.

Carstensen, L. L. (2006). The influence of a sense of time on human development.

Science, 312, 1913-1915.

Carstensen, L. L., & Mikels, J. A. (2005). At the intersection of emotion and cognition. *Psychological Science, 14*(3), 117-121.

Carstensen, L. L., Isaacowitz, D. M., & Charles, S. T. (1999). Taking time seriously: a theory of socioemotional selectivity. *American Psychologist, 54*(3), 165-181.

Catchen, H. (2002). Debating the future of social security policy. In Susanne Bleiberg Seperson & Carl Hegeman (eds.). *Elder Care and Service Learning: A Handbook* (pp. 205-213). London: Auburn House.

Charles, S. T., Carstensen, L. L., Mather, M. (2003). Aging and emotional memory: the forgettable nature of negative images for older adults. *Journal of Experimental Psychology/ General, 132*(2), 310-325.

Cherry, K. E., Hawley, K. S., Jackson, E. M., Volaufova, J., Su, L. J., & Jazwinski, S. M. (2008). Pictorial superiority effects in oldest-old people. *Memory, 16*(7), 728-741.

Cheville, J. (2005). Confronting the problem of embodiment. *International Journal of Qualitative Studies in Education, 18*(1), 85-107.

Chin, H. (2011). Research on the emotional aging of positivity effect and negative bias of old people in Taipei. In *International Conference on Frailty Research 2011 Collection* (Unpublished). Asia-Pacific League of Clinical Gerontology and Geriatrics. 2011/11/25-2011/11/27.

Chin, H. L. (2011). Research on the emotional aging of positivity effect and negative bias of old people in Taipei. In *International Conference on Frailty Research 2011 Collection* (Unpublished). Asia-Pacific League of Clinical Gerontology and Geriatrics. 2011/11/25-2011/11/27.

Chin, H. L., Hung, Y. T., Hsiao,Y. F. (2012). Research on the emotional aging of positivity effect and negative bias of old people in Taiwan. In *Ageing and Diversity Conference 2012 Collection* (Unpublished). New Zealand Association of Gerontology. 2012/09/13-2012/09/15.

Cohn, M., Emrich, S. M., & Moscovitch, M. (2008). Age-related deficits in associative memory: The influence of impaired strategic retrieval. *Psychology and Aging, 23*(1), 93-103.

Conde, J. C., Capó, M. Á, Nadal, M., & Ramos, C. (2007). What do we know of social brain? In Oscar Vilarroya & Francesc Forn i Argimon (eds.). *Social Brain Matters:*

Stances on the Neurobiology of Social Cognition (pp.201-214). Value Inquiry Book Series. New York: Amsterdam.

Crowther, M.R., Parker, M. W., Achenbaum, W. A., Larimore, W. L., & Koenig, H. G. (2002). Rowe and Kahn's model of successful aging revisited: Positive spirituality-the forgotten factor. *Gerontologist, 42*, 613-620.

Cruikshank, M. (2009). *Learning to be Old: Gender, Culture, and Aging.* Rowman & Littlefield Publishers, INC.

Dickerson, B. C., Feczko, E., Augustinack, J. C., Pacheco, J., Morris, J. C., Fischl, B., et al. (2009). Differential Effects of Aging and Alzheimer's Disease on Medial Temporal Lobe Cortical Thickness and Surface Area. *Neurobiol Aging, 30*(3), 432-440.

Dickerson, B. C., Feczko, E., Augustinack, J. C., Pacheco, J., Morris, J. C., Fischl, B., et al. (2009). Differential effects of aging and Alzheimer's disease on medial temporal lobe cortical thickness and surface area. *Neurobiology of Aging, 30*, 432-440.

Dunbar, R. (2007). Evolution of the social brain. In Steven W. Gangestad & Jeffry A. Simpson (eds.). *The Evolution of Mind: Fundamental Questions and Controversie* (pp. 281-286). New York: Guildford Press.

Edelson, P. J. (2006). *Drawing on Experience in Adult and Continuing Education.* Malabar: Krieger Publishing Company. Educational Gerontology, 2008/4/9 Retrieved from: http://www.tandf.co.uk/journals/ tf/03601277.html

Ellen Goelevena, E., Raedta, R. D., & Dierckxb, E. (2010). The positivity effect in older adults: the role of affective interference and inhibition. *Aging & Mental Health, 14*(2), 129-137.

Emery, L., Heaven, T. J., Paxton, J. L., & Braver, T. S. (2008). Age-related changes in neural activity during performance matched working memory manipulation. *NeuroImage, 42*, 1577-1586.

Evans, D. (2001). *Emotion: The Science of Sentiment.* New York: Oxford University Press.

Farina. E. & Baglio, F. (2010). Cognitive aging: A neurorehabilitation perspective. In Quentin Gariépy & Raphaël Ménard (eds.). *Handbook of cognitive aging: Causes, processes and effects* (pp. 443-452). New York: Nova.

Fiske, S. T., & Taylor, S. E. (2008). *Social Cognition: From Brains to Culture.* McGraw-

Hill. High Education.

Forster, L., Kochhann, R., Chaves, M. L., Roriz-Cruz, M. (2010). Neuropsychological aspects of cognitive aging. In Quentin Gariépy & Raphaël Ménard (eds.). *Handbook of Cognitive Aging: Causes, Processes and Effects* (pp. 397-412). New York: Nova.

Fung, H. H., Lu, A. Y., Goren, D., Isaacowitz, D. M., Wadlinger, H. A., & Wilson, H. R. (2008). Age-related positivity enhancement is not universal: older Chinese look away from positive stimuli. *Psychology and Aging, 23*, 440-446.

Gallo, D. A., Foster, K. T., & Johnson, E. L. (2009). Elevated false recollection of emotional pictures in young and older adults. *Psychology and Aging, 24*(4), 981-988.

Gangestad, S. W., & Thornhill, R. (2007). The evolution of social influence processes: the important of signaling theory. In Joseph P. Forgas, Martie G. Haselton & William von Hippel (eds.). *Evolution and the Mind* (pp. 1-31). New York: Psychology Press.

Glendenning, F. & Stuart-Hamilton, I. (eds.). (1995). *Learning and Cognition in Later Life*. England: Arena.

Gordon, E., Barnett, K. J., Cooper, N. J., Tran, N., & Williams, L. M. (2008). An "integrative neuroscience" platform: application to profiles of negativity and positivity bias. *Journal of Integrative Neuroscience, 7*(3), 345-366.

Grady, C. L. (2008). Cognitive neuroscience of aging. *Annals of the New York Academy of Sciences, 1124*, 127-144.

Greenough, W. T., Black, J. E., & Wallace, C. S. (2002). Experience and brain development. In Maro H. Johnson, Yujo Munakata & Rick O. Gilmore (eds.). *Brain Development and Cognition: A Reader* (pp. 186-206). Blackwell Publishers.

Gross, J. J., Carstensen, L. L., Pasupathi, M., Tsai, J., Goetestam Skorpen, C., & Hsu, A. Y. C. (1997). Emotion and aging: experience, expression, and control. *Psychology and Aging, 12*, 590-599.

Gunning-Dixon, F. M., Brickman, A. M., Cheng, J. C., & Alexopoulos, G. S. (2009). Aging of cerebral white matter: a review of MRI findings. *International Journal of Geriatric Psychiatry, 24*, 109-117.

Gunstad, J., Paul, R. H., Brickman, A. M., Cohen, R. A., Arns, M., Roe, D., et al. (2006). Patterns of cognitive performance in middle-aged and older adults: a cluster analytic examination. *Journal of Geriatric Psychiatry and Neurology, 19*, 59-64.

Heckhausen, J., & Schulz, R. (1995). A life-span theory of control. *Psychological Review, 102*, 284-304.

Hedden, T., & Gabrieli, J. D. (2004). Insights into the ageing mind: a view from cognitive neuroscience. *Nature Reviews Neuroscience, 5*, 87-96.

Hooyman, N. P. (2005). Conceptualizing productive aging. In Lenard W. Kaye (ed.). *Perspectives on Productive Aging: Social Work with the New Aged* (pp. 37-60).

Hooyman, N. R., & Kiyak, H. A. (2008). *Social Gerontology: A Multidisciplinary Perspective* (8th ed.). Boston: Pearson.

Hoult, Elizabeth (2006). *Learning Support: A Guide for Mature Students.* SAGE Publications.

Hsiu-lan, C., Ying-tsun, H., & Yu-Fen, H. (2012). The positivity and negatives bias in emotional aging. *Journal of Clinical Gerontology and Geriatrics* (Editing).

Ickes, W., & Dugosh, J. W. (2000). An intersubjective perspective on social cognition and aging. *Basic and Applied Social Psychology, 22*(3), 157-167.

Isellaa, V., Mapellia, C., Moriellia, N., Pelatib, O., Franceschib, M., & Appollonioa, I. M. (2008). Age-related quantitative and qualitative changes in decision making ability. *Behavioural Neurology, 19*, 59-63.

Jenkins, J. (1979). Four points to remember: a tetrahedral model of memory ezperiments. In Cermark, L. S. & Craik, F. I. (eds.). *Level of Processing in Human Memory.* NJ: Erlbaum.

Karin, C., & Walker, J. (2008). *Social Work with Older People* (2nd ed.). Learning Matters Ltd.

Kaye, L. W. (2005). The emergence of the new aged and a productive aging perspective. In Lenard W. Kaye (ed.). *Perspectives on Productive Aging: Social Work with the New Aged* (pp. 3-18). Washington DC: NASW Press.

Keil, A., & Freund, A. M. (2009). Changes in the sensitivity to appetitive and aversive arousal across adulthood. *Psychology and Aging, 24*(3), 668-680.

Kelly, J. R. (1996). *Leisure* (3rd ed.). Boston: Allyn and Bacon.

Kennedy, K. M., & Raz, N. (2009). Aging white matter and cognition: differential effects of regional variations in diffusion properties on memory, executive functions, and speed. *Neuropsychologia, 47*(3), 916-927.

Kenton, W. (1979). *Kabbalah: Tradition of Hidden Knowledge.* UK: Thames & Hudson

Ltd.

Kessler, E. M., & Staudinger, U. M. (2009). Affective experience in adulthood and old age: the role of affective arousal and perceived affect regulation. *Psychology and Aging, 24*, 349-362.

Kirton, M. J. (1976). Adaptors and innovators: a description and measure. *Journal of Applied Psychology, 61*, 622-629.

Kivnick, H. Q. (2005). Personal and individual growth. In Lenard W. Kaye (ed.). *Perspectives on Productive Aging: Social Work with the New Aged* (pp. 123-148). NASW Press.

Knight, B. G. (2004). *Psychotherapy with Older Adults*. CA: Thousand Oaks.

Knowles, M. S., Holton, E. F., III, & Swanson, R. (2005). *The Adult Leaner: The Definitive Classic in Adult Education and Human Resource Development* (6th ed.). Houston: Gulf Publishing Company.

Kolb, D. A. (1984). *Experiential learning: Experience as the Source of Learning and Development*. NJ: Prentice-Hall.

Krickson, K. I., Prakash R. S., & Voss, M. W. (2009). Aerobic fitness is associated with hippocampal volume in elderly humans. *Hippocampus, 19*, 1030-1039.

Kunda, M. & Goel, A. (2010). Thinking in picture as a cognitive account of autism. 2010/8/18 Retrieved from: http://home.cc.gatech.edu/dil/45

Kwon, Y., Scheibe, S., Samanez-Larkin, G. R., Tsai, J. L., & Carstensen, L. L. (2009). Replicating the positivity effect in picture memory in Koreans: evidence for cross-cultural generalizability. *Psychology and Aging, 24*(3), 748-754.

Lamdin, L., & Fugate M. (1997). *Elderlearning: New Frontier in an Aging Society*. American Council on Education. Oryx Press.

Lamm, R. D., & Lamm, H. E. (2002). The challenge of an aging society. In Susanne Bleiberg Seperson & Carl Hegeman (eds.). *Elder Care and Service Learning: A Handbook* (pp. 195-200). London: Auburn House.

Lang, P. J. (1980). Behavioral treatment and biobehavioral assessment: computer applications. In J. B. Sidowski, J. H. Johnson, & T. A. William (eds.). *Technology in Mental Health Care Delivery Systems* (pp. 119-137). Norwood, NJ: Ablex.

Lang, P. J., Bradley, M. M., & Cuthbert, B. N. (1990). Emotion, attention, and the startle reflex. *Psychological Review, 97*, 377-395.

Lang, P. J., Bradley, M. M., & Cuthbert, B. N. (2008). International Affective Picture System (IAPS): Affective ratings of pictures and instruction manual. Technical Report A-8. University of Florida, Gainesville, FL.

Lawton, M. P., Kleban, M. H., Rajagopal, D., & Dean, J. (1992). Dimensions of affective experience in three age groups. *Psychology and Aging, 7,* 171-184.

Lee, I., & Jones, J. (2008). *In Full Bloom: A Brain Education Guide for Successful Aging.* Best Life Media.

Lee, Ilchi (2008). *Brain Wave Vibration: Getting Back into the Rhythm of a Happy, Healthy Life.* Best Life Media.

Leifer, G., & Hartston, H. (2004). *Growth and Development Across the Lifespan: A Health Promotion Focus.* Saunders.

Leigland, L. A., Schulz, L. E., & Janowsky, J. S. (2004). Age related changes in emotional memory. *Neurobiology of Aging, 25,* 1117-1124.

Liechty, T., & Yarnal, C. M. (2010). Role of body image in older women's leisure. *Journal of Leisure Research, 42*(3), 443-467.

Lonner, W. J. (2009). The continuing quest for psychological universals in categories, dimensions, taxnomies, and patterns of human behavior. In Sevda Bekman & Ayhan Aksu-Koç (eds.). *Perspectives on Human Development, Family, and Culture* (pp. 17-30). Cambridge University Press.

Mammararella, N. & Fairfield, B. (2010). Towards a new account of cognitive aging: The cognitive-emotional trade-off in working memory. In Quentin Gariépy & Raphaël Ménard (eds.). *Handbook of cognitive aging: causes, processes and effects* (pp. 403-418). New York: Nova.

Mayer, J. D., & Salovey, P. (1997). *What is Emotional Intelligence, Emotional Development and Emotional Intelligence.* New York: Basic Books.

McDonald, A. (2010). *Social Work with Older People.* Cambridge: Polity Press.

Merriam, S. B., Caffarella, R. S.; & Baumgartner, L. M. (2007). *Learning in Adulthood: A Comprehensive Guide* (3rd ed.). Jossey-Bass Publishers.

Mikels, J. A. Reuter-Lorenz, P. A., Beyer, J. A., & Fredrickson, B. L. (2008). Emotion and working memory: evidence for domain-specific process for affective maintenance. *Emotion, 8,* 256-266.

Mitchell, L. R. (2007). Cognitive aging and the role of processing speed. Doctor thesis, fuller theological seminary, school of psychology. *Dissertation Abstracts International, 68*(7), Section: B, 4858.

Mohlman, J. (2009). Cognitive self-consciousness-a predictor of increased anxiety following first-time diagnosis of age-related hearing loss. *Aging & Mental Health, Vol. 13*(2), 246-254.

Morrow-Howell, N., Carden, M., & Sherraden, M. (2005). Volunteerism, philanthropy, and service. In Lenard W. Kaye (ed.), *Perspectives on Productive Aging: Social Work with the New Aged* (pp. 83-106). Washington DC: NASW Press.

Mullan, P. (2002). *The Imaginary Time Bomb: Why an Ageing Population is Not a Social Problem*. London: I. B. Tauris Publishers.

Nanton, C. R. (2009). Ties that bind: cultural reference groups and coping strategies of adult women as learners. *New Directions for Adult and Continuing Education, 122*, 13-22.

NIMH (2011). International affective picture system: affective ratings of pictures and instruction manual. 2011/05/24 Retrieved from: http://csea.phhp.ufl.edu/index.html.

Novak, M. (2009). *Issue in Aging* (2nd ed.). New York: Pearson.

Ochsner, K. N., & Gross, J. J. (2005). The cognitive control of emotion. *Trends in Cognitive Science, 9*, 242-249.

Osland, J. S., Kolb, D. A., & Rubin, I. M. (2001). *Organizational Behavior: An Experiential Approach* (7th ed.). New Jersey: Prentice Hall.

Oswald, W. D., Gunzelmann, T., Rupprecht, R., Hagen, B. (2006). Differential effects of single versus combined cognitive and physical training with older adults: the SIMA study in a 5-year perspective. *Eur. J. of Ageing, 3*, 179-192.

Park, D. C., & Reuter-Lorenz, P. A. (2009). The adaptive brain: Aging and neurocognitive scaffolding. *Annual Review of Psychology, 60*, 173-196.

Parkin, A. J., & Walter, B. M. (1992). Recollective experience, normal aging, and frontal dysfunction. *Psychology and Aging, 2*, 290-298.

Patrick Rabbitt (ed.). *Psychology of Ageing* (pp. 141-154). New York: Psychology Press.

Paxton, J. L., Barch, D. M., Bacine, C. A., & Braver, T. S. (2008). Cognitive control, goal maintenance, and prefrontal function in healthy aging. *Cerebral Cortex, 18*, 1010-1028.

Petersen, R. C. (2000). Aging, mild cognitive impairment and Alzheimer's disease.

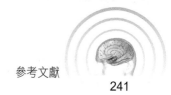

Neurologic Clinics, 18(4), 789-806.

Piotrowski, A. S. (2008). *Age-related Effects on Performance in Biological Motion, Implied Motion, and Dynamic Visual Theory of Mind (ToM) Tasks.* University of Manitoba. NR49117.

Posit Science. http://www.positscience.com/

Prigogine, I., & Stengers, I. (1984). *Order Out of Chaos: Man's New Dialogue with Nature.* New York: Bantam Books.

Raz, N. (2000). Aging of the brain and its impact on cognitive performance: integration of structural and functional finding. In F. I. M. Craik & T. A. Salthouse (eds.). *The Handbook of Aging and Cognitio*n (pp. 1-90). Mahwah, NJ: Erlbaum.

Raz, N. (2008). Aging of the brain and its impact on cognitive performance: Integration of structural and functional finding. In Fergus I. M. Craik & Timothy A. Salthouse (eds.), *Handbook of aging and cognition* (pp. 1-90). Mahwah, NJ: Erlbaum.

Raz, N., & Rodrigue, K. M. (2006). Differential aging of the brain: patterns, cognitive correlates and modifiers. *Nuroscience and Biobehavioral Reviews, 30,* 730-748.

Reese, C. M., Cherry, K. E. (2006). Effects of age and ability on self-reported memory functioning and knowledge of memory aging. *The Journal of Genetic Psychology, 167*(2), 221-240.

Reuter-Lorenz, P. A. & Park, D. C. (2010). Human neuroscience and the aging mind: a new look at old problems. *Journal of Gerontology: Psychological Science,65B* (4), 405-415.

Rodriguez-Aranda, C., & Sundet, K. (2006). The frontal hypothesis of cognitive aging: factor structure and age effects on four frontal tests among healthy individuals. *The Journal of Genetic Psychology, 167*(3), 269-287.

Roriz-Cruz, M., Rosset, I., Wada, T., et al. (2007). Cognitive impairment and frontal-subcortical geriatric syndrome are associated with metabolic syndrome in a stoke-free population. *Neurobiology of Aging, 28,* 1723-1736.

Samanez-Larkin, G. R., Robertson, E. R., Mikels, J. A., Carstensen, L. L., & Gotlib, I. H. (2009). Selective attention to emotion in the aging brain. *Psychology and Aging, 24,* 519-529.

Sanna, L & Chang, E. (ed.)(2006). *Judgments over Time: The Interplay of Thought, Feeling, and Behaviors.* Oxford University Press.

Schaie, K. W., & Carstensen, L. L. (2006). *Social Structure, Aging and Self-Regulation in the Elderly.* Springer Publishing Co.

Scheibe S., & Blanchard-Fields, F. (2009). Effects of regulating emotions on cognitive performance: what is costly for young adults is not so costly for older adults. *Psychology for Aging, 24*, 217-223.

Scheibe S., & Carstensen, L. L. (2010). Emotional aging: Recent findings and future trends. *Journal of Gerontology: Psychological Science, 65B*(2), 135-144.

Seperson, S. B. (2002). Demographics about aging. In Susanne Bleiberg Seperson & Carl Hegeman (eds.). *Elder Care and Service Learning: A Handbook* (pp. 17-30). London: Auburn House.

Siegesmund, R. (2004). Somatic knowledge and qualitative reasoning: From theory to practice. *Journal of Aesthetic Education, 37*(1), 54-64.

Slevin, K. F. (2010). "If I had lots of money… I'd have a body makeover." Managing the Aging Body. *Social Forces, 88*(3), 1003-1020.

Snowdon, D. A. (2003). Healthy aging and dementia: finding from the Nun Study. *Ann Intern Med, 139*, 450-454.

Snyder, C. R., & Lopez, S. J. (2007). *Positive Psychology: The Scientific Practice Explorations of Human Strengths.* New York: SAGE Publications.

Sonja Irene, Z. (2008). Cognitive aging and survey measurement. Doctor thesis, University of Michigan. *Dissertations abstracts international, 70*(1), Section: A, 378.

Stavish, M. (2007). *Kabbalah for Health & Wellness.* Minnesota: Llewellyn Publications.

Stewart, W. B. (2009). *Deep Medicine: Harnessing the Source of Your Healing Power.* New Harbinger Publications, Inc.

Stuart-Hamilton, I. (2006). *The Psychology of Aging: An Introduction.* London: Jessica Kingsley Publishers.

Sullivan, S., Mikels, J. A., & Carstensen, L. L. (2010). You never lose the ages you've been: affective perspective talking in older adults. *Psychology & Aging, 25*(1), 229-234.

Swanton, P. & Jones, K. (2002). Community learning for older adults comes of age. *Adult Learning, 14*(2), 19.

Thompson, R. A. (1994). Emotion regulation: a theme in search of definition.

Monographs of the Society for Research. *Child Development, 59*, 25-52.

Todorov, A. B., Fiske, S. T., & Prentice, D. A. (2011). *Social Neuroscience: Toward Understanding the Underpinnings of the Social Mind.* Oxford: Oxford University Press.

Tornstam, Lars (2005). *Gerotranscendence: A Developmental Theory of Positive Aging.* New York: Springer Publishing Company.

Tsai, J. L., Knutson, B., & Fung, H. H. (2006). Cultural variation in affect valuation. *Journal of Personality and Social Psychology, 90*, 288-307.

Utendale, W. T., Hubert, M., Saint-Pierre, A. B., & Hastings, P. D. (2011). Neurocognitive development and externalizing problems: the role of inhibitory control deficits from 4 to 6 years. *Aggressive Behavior, 37*(5), 476-488.

Velanova, K., Lustig, C., Jacoby, L. L. & Buckner, R. L. (2007). Evidence for Frontally Mediated Controlled Processing Differences in Older Adults. *Cerebral Cortex, 17*, 1033-1046.

Verhaeghen, P., & Salthouse, T. A. (2010). Meta-analyses of age-cognition relations in adulthood: estimates of linear and nonlinear age effects and structural models. In Patrick Rabbitt (ed.), *Psychology of Ageing* (pp. 80-118). New York: Psychology Press.

Verhaeghen, P., & Salthouse, T. A. (2010). Meta-analysis of age-cognition relations in adulthood: estimates of linear and nonlinear age effects and structural models. In Patrick Rabbitt (ed.). *Psychology of ageing: Critical concepts in psychology* (pp. 80-118). New York: Psychology Press.

Voss, M. W., Erickson, K. I., Prakash, R. S., Colcombe, S. J., Morris, K. S., & Kramer, A. F. (2008). Dedifferentiation in the visual cortex: An fMRI investigation of individual differences in older adults. *Brain Research, 1244*, 121-131.

Wei, J., & Suelevkoff, S. (2005). *Aging Well: The Complete Guide to Physical and Emotional Health.* Fish & Fish Publications.

Weick, K. E.(1969). *The Social Psychology of Organizing.* Reading, Mass: Addison-Wesley Pub. Co.

Wesnes, K., Edgar, C., Andreasen, N., Annas, P., Basun, H., Lannfelt, L., Zetterberg, H., Blennow, K., & Minthon, L. (2010). Computerized cognition assessment during acetylcholinesterase inhibitor treatment in Alzheimer's disease. *Acta Neurol Scand,*

122, 270-277.

Whitbourne, S. K. (2007). *Adult Development & Aging: Biopsychosocial Perspectives* (3rd Edition). John Wiley & Sons, Inc.

Williamson, J., Goldman, J., Marder, KS. (2009). Genetic aspects of Alzheimer disease. *Neurologist, 15*, 80-86.

Wilson, R. A. (1990). *Quantum Psychology*. Phoenix: New Falcon Publications.

Worsch, C., Bauer, I., Miller, G. E., & Lupien, S. (2007). Regret intensity, diurnal cortisol secretion, and physical health in older individuals: evidence for directional effects and protective factors. *Psychology and Aging, 22*, 319-330.

Zamarian, L., Sinz, H., Bonatti, E., Gamboz, N., & Delazer, M. (2008). Normal aging aggects decisions under ambiguity, but not decision under risk. *Neuropsychology, 22*(5), 645-657.

Zhang, P. (2012). Your brain on sleep. 2012/5/5 Retrieved from: http://www.lumosity.com/blog/

Zillmer, E., Spiers, M., & Culbertson, W. (2008). *Principle of Neuropsychology* (2nd ed.). Thomson Wadsworth.